CARMEN

CAPERUCITA
EN MANHATTAN

Texto original
abreviado

Edición a cargo de: Carlos Segoviano
Ilustraciones: Peter Bay Alexandersen

Esta edición, cuyo vocabulario se ha anotado tomando como base
CENTRALA ORDFÖRRÅDET I SPANSKAN
de Gorosch, Pontoppidan-Sjövall, VOCABULARIO BÁSICO
de Arias, Pallares, Alegre, DICCIONARIO GENERAL DE
AMERICANISMOS de F. Santamaría y DICCIONARIO
MANUAL DE AMERICANISMOS de M. A. Morínigo
se ofrece en TEXTO ORIGINAL ABREVIADO

TEXTO ORIGINAL ABREVIADO

Editora: Ulla Malmmose

Diseño de cubierta: Mette Plesner

ASCHEHOUG/ALINEA 1999
ISBN Dinamarca 87-23-90202-7
www.easyreader.dk

Easy Readers EGMONT

Impreso en Dinamarca por
Sangill Grafisk Produktion, Holme Olstrup

LA AUTORA

"Tuvimos una adolescencia y una juventud privada de las cosas agradables de la sociedad de consumo. Pero, como no teníamos coches, paseábamos. Como no teníamos discos, charlábamos. Como no teníamos televisión, mirábamos a nuestro alrededor. [...] Luchábamos por conseguir los libros que no nos dejaban leer. Leíamos el teatro que no se podía representar. Soñábamos con el cine que algún día llegaríamos a ver. Y no nos aburríamos nunca."

Estas frases de Carmen Martín Gaite (Salamanca, 1925) pueden ser un resumen de los años de juventud (y hasta de madurez) de la autora, una de las escritoras más representativas de la posguerra española.

Carmen Martín Gaite estudió Filología Románica en Salamanca y se licenció en 1949. Ese mismo año se trasladó a Madrid para continuar con la preparación de su tesis doctoral (que publicó en 1972).

En Madrid entra en contacto con un grupo de escritores importantes y combativos y se casa con Rafael Sánchez Ferlosio.

También ha dictado Martín Gaite numerosos cursos en España y en Estados Unidos, ha realizado diversas traducciones, ha escrito guiones y adaptaciones para la televisión y el cine.

Ha obtenido varios premios literarios de importancia: Café Gijón en 1954, Nadal en 1957, Nacional de Literatura en 1978, Anagrama en 1987, Príncipe de Asturias de las Letras en 1988, Premio Nacional de las Letras en 1994...

Obras de Carmen Martín Gaite:

Novelas: *Entre visillos* (1957), *Ritmo lento* (1963), *Retahílas* (1974), *Fragmentos de interior* (1976), *El cuarto de atrás* (1978), *El pastel del diablo* (1985), *Nubosidad variable* (1992), *Agua pasada* (1993), *La reina de las nieves* (1994), *Lo raro es vivir* (1996).

Obras de fantasía: *El castillo de las tres murallas* (1981), *Caperucita en Manhattan* (1991).

Relatos: *El balneario* (1954), *Las ataduras* (1960), *Cuentos completos* (1979).

Ensayos: *El proceso a Macanaz* (1970), *Usos amorosos del XVIII en España* (su tesis doctoral, 1972), *La búsqueda del interlocutor y otras búsquedas* (1973), *El cuento de nunca acabar* (1983), *Usos amorosos de la posguerra española* (1987).

Poesía: *A rachas* (1997).

Teatro: *La hermana pequeña* (1999).

En nuestra colección han aparecido: *Lo que queda enterrado* (texto completo, 1987), *Las ataduras* (simplificado, 1989).

CAPERUCITA EN MANHATTAN

Esta obra de Carmen Martín Gaite es una versión actual del cuento de Charles Perrault, bien conocido y admirado por niños y mayores.

Caperucita = Sara admira desde pequeña y lee con entusiasmo Robinson Crusoe, Alicia en el País de las Maravillas, La Cenicienta, Caperucita Roja. Sara quiere descubrir el mundo por su cuenta...

La protagonista vive en Brooklyn y en una cesta le lleva a su abuela una tarta de fresa, la especialidad culinaria de su madre. El bosque es en este caso el recorrido urbano -Nueva York y sus calles- entre Brooklyn y Manhattan, donde vive la abuela. En el metro de la ciudad se encuentra primero con miss Lunatic, con quien vive aventuras inolvidables y cuyo secreto llega a conocer. En Central Park conversa más adelante con mister Woolf, quien la ayudará a realizar uno de sus sueños. La historia tiene un "final feliz, pero sin cerrar...", camino de la libertad...

Los personajes centrales de "Caperucita en Manhattan" son los siguientes:

Sara, una niña pecosa de diez años, que vive con sus padres en el piso catorce de un feo bloque de pisos. Sara observa cuanto ocurre a su alrededor y busca constantemente respuestas a sus numerosas preguntas, pero "las bromas de las personas mayores no conseguía entenderlas, porque no tenían ni pies ni cabeza. Y lo que menos gracia le hacía era que las usaran para contestar a preguntas que ella no se estaba tomando a risa".

Sus padres, Vivian y Samuel Allen. Él es fontanero y está satisfecho con el taller que lleva junto con un compañero que vive en su misma casa. Vivian cuida por las mañanas a ancianos en un hospital; su gran orgullo es la tarta de fresa que todos los viernes prepara para llevársela con su hija Sara a la abuela...

La abuela, Rebeca Little, una anciana inconvencional que aún intenta de algún modo conectar con sus años de cantante de music hall.

Aurelio, el compañero de origen italiano de la abuela, que de repente retornará a su país natal sin que la niña llegue a conocerle, regenta una librería de viejo con la que Sara sueña con frecuencia.

Miss Lunatic, la misteriosa figura que llevará a Sara a ver cumplidos sus sueños de libertad a través de divertidas aventuras, de largas conversaciones plenas de interés, de auténticas respuestas a las muchas preguntas de la niña... Miss Lunatic es una mendiga sin edad que durante el día vive oculta dentro de la estatua de la Libertad y de noche recorre las calles de Nueva York para mediar en las desgracias humanas. Su gran secreto -haber sido la musa que inspiró al creador de la estatua de la Libertad- lo llega a conocer Sara en el inesperado ambiente de la filmación de una película...

Mister Woolf, el lobo, es un pastelero multimillonario que vive cerca de Central Park en un rascacielos en forma de tarta...

El idioma, culto y al mismo tiempo coloquial, es una de las grandes riquezas de este libro de Carmen Martín Gaite. Uno puede imaginarse sin dificultad un círculo de niños -o de adultos, ¿por qué no?- "escuchando" la lectura de este maravilloso libro y "viendo" a los personajes y sus aventuras por las calles de Nueva York. ("Llegó despacito un automóvil negro, alargado y silencioso, que tenía tres puertas y cortinillas de gasa en las ventanas. Salió un chófer mulato vestido de gris con galones dorados y le abrió la portezuela a alguien que venía dentro. Apareció una larga pierna de mujer rematada por un zapato de cristal primoroso. -¿Será la Cenicienta? -preguntó la niña.")

Desde distintas perspectivas narrativas -de una niña de diez años, de sus padres, de una abuela soñadora y llena de comprensión, de una anciana sin edad, de un aburrido empresario millonario- se viven en la lectura de este libro situaciones reales tanto como situaciones soñadas.

Son de destacar las numerosas expresiones que Martín Gaite toma del mundo infantil ("se trata de una isla [Manhattan] en forma de jamón, con un pastel de espinacas en el centro que se llama Central Park"...), del idioma coloquial ("menuda lagarta", "ni fu ni fa", "los hombres se van mucho de la lengua"...) e inclusive del mundo de la religión ("a la buena de Dios", "se la llevaban los demonios", "para mayor inri"...).

La contraposición de dos mundos hará disfrutar y también reflexionar al lector de "Caperucita en Manhattan". Por un lado, el mundo convencional de los padres y de los vecinos, en el que la tradición y la seguridad juegan un papel central. Por otro lado, el mundo de la protagonista, de la abuela, de miss Lunatic, en el que los sueños y el anhelo de libertad superan a la realidad.

Primera parte

SUEÑOS DE LIBERTAD

A veces lo que sueño creo que es verdad, y lo que me
pasa me parece que lo he soñado antes... Además, lo
que ha pasado no está escrito en ninguna parte y al fin
se olvida. En cambio, lo que está escrito es como si
hubiera pasado siempre.   5
(Elena Fortún, *Celia en el colegio.*)

UNO

Datos geográficos de algún interés y presentación de
Sara Allen

La ciudad de Nueva York siempre aparece muy *confusa*
en los atlas geográficos y al llegar *se forma uno un poco*   10
de lío. Está compuesta por diversos distritos, señalados
en *el mapa callejero* con colores diferentes, pero el más
conocido de todos es Manhattan. Mucha gente cree
que Manhattan es Nueva York, *cuando* simplemente
forma parte de Nueva York. Una parte especial, eso sí.   15

---

confusa, poco clara.
Se forma un poco de lío. No es fácil ver bien (en un atlas) cómo es la
ciudad de Nueva York.
el mapa callejero, el plano de las calles de la ciudad.
cuando, aquí: pero, a pesar de que.

Se trata de una isla en forma de *jamón* con un *pastel de espinacas* en el centro que se llama Central Park. Es un gran parque alargado por donde resulta excitante caminar de noche, escondiéndose de vez en cuando

5 detrás de los árboles por miedo a los ladrones y *asesinos* que andan por todas partes y sacando un poquito la cabeza para ver brillar las luces de los anuncios y de los *rascacielos* que *flanquean* el pastel de espinacas, como un ejército de velas encendidas para celebrar el cum-

10 pleaños de un rey *milenario*.

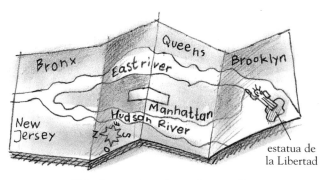

"Manhattan tiene forma de jamón"

el pastel de espinacas, comida preparada en un molde sobre una capa de harina rellena de espinacas (verdura de hojas verdes y suaves que se come en ensalada o cocida), huevo...
asesino, persona que mata voluntariamente a otra.
flanquear, rodear, estar a los lados (del rascacielos).
milenario, de mil años o más.

rascacielos

Pero a las personas mayores no se les ve alegría en la cara cuando cruzan el parque *velozmente* en taxis amarillos o coches grandes de *charol* pensando en sus negocios y mirando *nerviosos el reloj de pulsera* porque llegan

reloj de pulsera

con retraso a algún sitio. Y los niños, que son los que más *disfrutarían* corriendo esa aventura nocturna, siempre están metidos en sus casas viendo la televisión, donde aparecen muchas historias que les avisan *de lo*

5

---

velozmente, con mucha rapidez.
el charol, barniz que se usa, por ejemplo, para dar brillo a algunos zapatos.
nervioso, intranquilo, impaciente.
disfrutar, gozar, alegrarse.

peligroso que es salir de noche. Cambian de canal con el *mando a distancia* y no ven más que gente corriendo que *se escapa* de algo.

Manhattan es una isla entre ríos. Las calles que que-
5 dan a la derecha de Central Park y corren en sentido horizontal terminan en un río que se llama el East River, por estar al este, y las de la izquierda en otro: el río Hudson. Se abrazan uno con otro por abajo y por arriba. El East River tiene varios puentes que unen la
10 isla por esa parte con otros *barrios* de la ciudad, uno de los cuales se llama Brooklyn, como también el famoso puente que conduce a él.

Vigilando Manhattan por la parte de abajo del jamón, donde se mezclan los dos ríos, hay una islita con una
15 estatua *enorme* de metal verdoso que lleva una *antorcha* en su brazo levantado y a la que vienen a visitar todos los turistas del mundo. Es la *estatua de la Libertad*, vive

---

de lo peligroso que es, que es especialmente peligroso.

mando a distancia, pequeño aparato con el que se pueden conectar o cambiar los canales de la televisión.

escaparse, huir con rapidez.

barrio, cada una de las zonas en que se divide una ciudad.

vigilar, observar atentamente; aquí: que está a un lado de Manhattan, como si observara esa parte de la ciudad.

enorme, muy grande.

estatua de la Libertad, símbolo de Nueva York. Un regalo del pueblo francés a Estados Unidos de América. Fue inaugurada en 1886 y restaurada un siglo más tarde. Tiene 93 metros de altura. Su estructura es de Gustave Eiffel, el creador de la famosa torre Eiffel de París. La estatua es obra del escultor francés Frédéric Auguste Bartholdi (ver también nota en el capítulo 10: "madame Bartholdi"), quien necesitó 25 años de trabajo para terminar la estatua. Ver ilustración en pág. 70.

antorcha

allí como un santo en su *santuario* y, por las noches, aburrida de que la hayan retratado tantas veces durante el día, se duerme sin que nadie lo note. Y entonces empiezan a pasar cosas raras.

No lo sabía Sara Allen, una niña *pecosa* de diez años 5
que vivía con sus padres en el piso catorce de un bloque de *viviendas* bastante feo, Brooklyn adentro. Pero lo único que sabía es que en cuanto sus padres sacaban la bolsa negra de la *basura*, se lavaban los dientes y apagaban la luz, todas las luces del mundo le empezaban a 10
ella a correr por dentro de la cabeza. Y a veces le daba miedo.

Su padre, el señor Samuel Allen, era *fontanero*, y su madre, la señora Vivian Allen, *se dedicaba* por las mañanas a cuidar *ancianos* en un hospital de *ladrillo* rojo 15

santuario, iglesia o lugar donde se venera o se da culto a algún santo.
pecosa, con pecas (manchas pequeñas de color marrón que algunas personas tienen en la piel, especialmente en la cara).
vivienda, piso de una casa, lugar donde se habita.
basura, objetos o desperdicios que no sirven y se tiran.
fontanero, persona que instala o arregla conducciones de agua, gas, etc.
dedicarse a una cosa, trabajar o emplear su tiempo en algo.
anciano, persona que tiene muchos años.
ladrillo, pieza de arcilla o barro usada para construir muros.

11

rodeado por una *verja* de hierro. Cuando volvía a casa, se lavaba *cuidadosamente* las manos, porque siempre le olían un poco a medicina, y se metía en la cocina a hacer tartas, que era la gran pasión de su vida.

5 La que mejor le salía era la de *fresa*, una verdadera especialidad. Ella decía que la reservaba para las fiestas solemnes, pero no era verdad, porque el placer que sentía al verla terminada era tan grande que había acabado por *convertirse en* un vicio *rutinario*, y siempre encontra-
10 ba en el calendario o en sus propios recuerdos alguna fecha que justificase aquella *conmemoración*. Tan orgullosa estaba la señora Allen de su tarta de fresa que nunca le quiso dar la receta a ninguna vecina. Cuando *no tenía más remedio que* hacerlo, porque le insistían
15 mucho, cambiaba las cantidades de *harina* o de azúcar para que a ellas les saliera seca y requemada.

-Cuando yo me muera -le decía a Sara con un *guiño malicioso*-, dejaré dicho en mi testamento dónde guardo

fresa

verja, estructura (de hierro, madera etc.) para limitar o proteger un edificio, un jardín...
cuidadosamente, tomándose tiempo y haciéndolo bien.
convertirse en, transformarse, llegar a ser.
rutinario, que se hace por costumbre.
la conmemoración, recuerdo y celebración de un acontecimiento pasado o de una persona.
no tener más remedio que, no poder evitar.
harina, trigo molido (o cebada etc.), por ejemplo para hacer pan.
guiño, cuando se cierra solamente un ojo para comunicarse así con otra persona.
malicioso, aquí: de forma que solamente lo entienda una determinada persona.

la receta verdadera, para que tú les puedas hacer la tarta de fresa a tus hijos.

"Yo no pienso hacerles nunca tarta de fresa a mis hijos", pensaba Sara *para sus adentros.* Porque había llegado a *aborrecer* aquel *sabor* de todos los domingos, cumpleaños y *fiestas de guardar.* 5

Pero no se atrevía a decírselo a su madre, como tampoco se atrevía a confesarle que *no le hacía ninguna ilusión* tener hijos, que lo que ella quería de mayor era ser *actriz* y pasarse todo el día tomando *ostras* con *champán* y comprándose abrigos con el cuello de *armiño,* como uno que llevaba de joven su abuela Rebeca en una foto que estaba al principio del álbum familiar. 10

Rebeca Little, la madre de la señora Allen, se había casado varias veces y había sido cantante de 'music-hall'. Su nombre artístico era Gloria Star. Sara lo había visto escrito en algunos viejos programas que ella le 15

---

pensar para sus adentros, hablar consigo mismo y no decir a nadie lo que se piensa. (Sobre el lenguaje familiar que la autora utiliza frecuentemente en este libro, ver la Introducción.)

aborrecer, odiar.

el sabor, el gusto en la boca de una comida o bebida (por ejemplo de la tarta).

fiesta de guardar, fiesta en la que, según las normas de la Iglesia Católica, se debe ir a la iglesia y no se debe trabajar. (Sobre la terminología tomada del mundo de la religión ver también la Introducción.)

no le hacía ilusión, no se alegraba pensando en ello.

la actriz, mujer que representa algún papel en el teatro, en el cine, en la televisión...

ostra, molusco con dos conchas casi circulares, muy apreciado por muchos amantes de la buena cocina.

el champán, vino blanco espumoso (de la región francesa Champagne; en España ese vino tiene el nombre de "cava").

armiño, la piel muy blanca de un pequeño animal carnívoro.

13

había enseñado. Ahora vivía sola en Manhattan, por la parte de arriba del jamón, en un barrio *más bien pobre* que se llamaba Morningside. Era muy aficionada al licor de *pera*, fumaba *tabaco de picadura* y tenía un poco

5 perdida la memoria. Pero no porque fuera demasiado vieja, sino porque, *a fuerza de* no contar las cosas, la memoria *se oxida*.

Su hija, la señora Allen, y su nieta, Sara, iban todos los sábados a verla y a ordenarle un poco la casa, por-

10 que a ella no le gustaba limpiar ni recoger nada. Se pasaba el día leyendo novelas y tocando foxes y blues en un *piano* negro muy *desafinado*; así que por todas partes *se apilaban* los periódicos, las ropas *sin colgar*, las botellas vacías, los platos *sucios* y los *ceniceros* llenos de

15 *colillas* de toda la semana.

colilla

cigarrillo

cenicero

pitillo

más bien pobre, más pobre que rico.
pera, ver ilustración en pág. 89.
tabaco de picadura, tabaco suelto, para preparar a mano los cigarrillos.
a fuerza de, aquí: porque no se ha hecho durante mucho tiempo.
oxidarse, aquí: no funcionar bien.
piano, instrumento musical.
desafinado, se dice del instrumento musical que no ofrece un tono correcto.
apilarse, amontonarse.
sin colgar, no puesto en las perchas; amontonado en sillas...
sucio, usado y no limpio.

La abuela nunca venía a verlos a Brooklyn ni los llamaba por teléfono, y la señora Allen se quejaba de que no quisiera venirse a vivir con ellos para poderla cuidar y darle medicinas como a los ancianitos de su hospital.

-Ellos me dicen que soy su *ángel guardián* -suspiraba 5 la señora Allen.

-No entiendo. ¿No dices que te gusta ese trabajo? -la interrumpía su marido.

-Sí.

-¿Entonces, qué es lo que te parece tan triste? 10

-Pensar que unos enfermos *desconocidos* me quieren más que mi propia madre, que no me necesita para nada.

-Es que ella no está enferma -replicaba el señor Allen-. Además, ¿no te ha dicho muchas veces que le 15 gusta vivir sola?

-Claro que me lo ha dicho.

-Pues entonces, déjala en paz.

-Me da miedo que le *roben* o le pase algo. Le puede dar de repente un ataque al corazón, dejarse abierto el 20 gas por la noche, caerse en el pasillo...

-¡Qué le va a pasar! Ya verás cómo no le pasa nada -decía él-. Ésa nos *enterrará* a todos. ¡*Menuda lagarta*!

El señor Allen siempre llamaba "ésa" a su suegra. La

el ángel guardián, según la Biblia, el ángel destinado por Dios a cada persona para protegerla.

suspirar, respirar profundamente diciendo en general algo al mismo tiempo ("ellos me dicen...").

desconocido, persona a la que se conoce poco o nada.

robar, quitar algo a una persona (a veces con violencia).

enterrar, poner a un muerto en la sepultura; aquí: vivir más que la persona que habla.

¡Menuda lagarta!, familiar para decir de una persona que es astuta, que sabe bien lo que hace y engaña a los demás.

despreciaba porque había sido cantante de 'music-hall', y ella a él porque era fontanero. De esto y de otros asuntos familiares se había enterado Sara, porque su dormitorio y el de sus padres estaban separados por un 5 *tabique* muy fino y alguna noche los oía discutir.

-No hables tan alto, Sam, que puede oírnos Sara.

Ésta era una frase que la niña recordaba *desde su más tierna infancia*. Porque ya en aquel tiempo (más todavía que ahora) había cogido la costumbre de *espiar* las con-
10 versaciones de sus padres a través del tabique.

Sobre todo por ver si *salía a relucir* en ellas el nombre del señor Aurelio. Durante aquellas noches confusas de sus primeros *insomnios infantiles*, ella soñaba mucho con el señor Aurelio.

DOS

15 Aurelio Roncali y El Reino de los Libros.
Las Farfanías

Sara había aprendido a leer ella sola cuando era muy pequeña, y le parecía lo más divertido del mundo.

-Ha salido lista de verdad -decía la abuela Rebeca-.
20 Yo no conozco a ninguna niña que haya hablado tan

---

el tabique, la pared.
desde su más tierna infancia, desde que era muy pequeña.
espiar, aquí: escuchar con mucha atención lo que otros dicen.
salir a relucir, aquí: hablar de otra persona.
insomnio, dificultad para dormir.
infantil, propio de los niños.

clarito como ella, antes de *romper a* andar. Debe ser un caso único.

-Sí, es lista -contestaba la señora Allen-, pero hace unas preguntas muy raras; *vamos*, que no son normales en una niña de tres años. 5

-¿Por ejemplo, qué?

-Que qué es morirse, ya ve usted. Y que qué es la libertad. Y que qué es casarse. Una vecina mía dice que *a lo mejor* habría que llevarla a un psiquiatra.

La abuela se reía. 10

-¡Déjate de psiquiatras! A los niños lo que hay que hacer es contestarles a lo que te preguntan y, si no quieres decirles la verdad, porque a lo mejor no sabes tú misma lo que es la verdad, pues les cuentas un cuento que parezca verdad. 15

-¡*Válgame Dios*, cuándo hablará usted en serio, madre! No sé a qué edad va a *sentar la cabeza*.

-Yo nunca. Sentar la cabeza debe ser aburridísimo. Por cierto, a ver si me mandas a Sara algún domingo, o la vamos a buscar nosotros, *que* Aurelio la quiere conocer. 20

Aurelio era un señor que por entonces vivía con la abuela. Pero Sara nunca lo llegó a ver. Sabía que tenía una tienda de libros y juguetes antiguos, cerca de la catedral de San Juan el Divino, y a veces le mandaba

romper a, empezar a.
vamos, aquí: familiar como comienzo de una explicación o resumen de lo que se ha dicho anteriormente.
a lo mejor, quizá.
¡*Válgame Dios*!, familiar como expresión de sorpresa (pidiendo a Dios su ayuda o protección).
sentar la cabeza, se dice de las personas que cambian de una vida loca y se hacen sensatas y responsables.
que, aquí: porque

17

algún regalo por medio de la señora Allen. Por ejemplo, un libro con la historia de *Robinson Crusoe al alcance de los niños*, otro con la de *Alicia en el País de las Maravillas*, y otro con la de *Caperucita Roja*. Fueron los tres pri-
5 meros libros que tuvo Sara, aun antes de leer bien. Pero traían unos dibujos tan detallados y tan *preciosos* que permitían conocer perfectamente a los personajes e imaginar los paisajes donde iban ocurriendo sus distintas aventuras. Aunque no tan distintas, porque la aven-
10 tura principal era la de que fueran por el mundo ellos solos, sin una madre ni un padre que los llevaran cogidos de la mano, *haciéndoles advertencias* y prohibiéndoles cosas. Y naturalmente podían hablar con los animales, eso a Sara le parecía lógico. Y que el señor Robin-
15 son viviera en una isla, como la estatua de la Libertad. Todo tenía que ver con la libertad.

Robinson Crusoe, el héroe de la conocida novela de aventuras de Daniel Defoe. En ella se nos cuenta la historia del aventurero que llega a una isla deshabitada en la desembocadura del Orinoco, donde vive durante veintiocho años, primero él solo, más adelante con un nativo a quien él apoda "Viernes"…
al alcance de, aquí: fácil de comprender (para los niños).
Alicia en el País de las Maravillas, la conocida fábula de Lewis Carroll publicada en 1865. Alicia es la niña que en sueños persigue a un conejillo blanco hasta su cueva. Allí encuentra a otros personajes fantásticos, como la duquesa, el rey y la reina de corazones…
Caperucita Roja, famoso cuento de los hermanos Grimm, que ha inspirado a Carmen Martín Gaite para la creación de "Caperucita en Manhattan". Es la historia de una niña con su gorrito rojo (caperuza) que quiere llevar a su abuela comida y bebida en una cesta. En el bosque se encuentra y dialoga con el lobo, que después devora a la abuela y a Caperucita. Pero un cazador consigue sacarlas vivas del vientre del lobo…
precioso, muy bonito, atractivo.
hacer advertencias, avisar ante un peligro posible.

La *viñeta* que más le gustaba era la que representaba el encuentro de Caperucita Roja con el *lobo* en un *claro del bosque*. En aquel dibujo, el lobo tenía una cara tan buena, tan de estar pidiendo *cariño*, que Caperucita, claro, le contestaba *fiándose de* él, con una sonrisa encantadora. El final estaba equivocado. También el de Alicia, cuando dice que todo ha sido un sueño, para qué lo tiene que decir. Ni tampoco Robinson debe volver al mundo civilizado, si estaba tan contento en la isla. Lo que menos le gustaba a Sara eran los finales. 10

Otro regalo que trajo un día la señora Allen de parte de Aurelio fue un plano de Manhattan. Lo primero que ella entendió, al *desplegarlo* con ayuda de su padre, y orientada por sus explicaciones, fue que Manhattan era una isla. 15

lobos

---

viñeta, dibujo.
claro del bosque, espacio vacío en medio del bosque.
cariño, amor.
fiarse de alguien, tener confianza en alguien, no tener miedo de una persona.
desplegar (*el plano*), abrir o extender el plano (de una ciudad o región).

-Tiene forma de jamón -dijo.

Y al señor Allen *le hizo tanta gracia* que se lo contó a todos sus amigos, y a ellos también les divirtió mucho la *ocurrencia.* "No, hombre, eso está por la parte de arri-
5 ba del jamón, como dice la chica de Samuel." La verdad es que los amigos de su padre siempre se reían por todo y eran bastante tontos. Además, *no hacían más que hablar de* béisbol. Ella a Aurelio *se lo figuraba* de otra manera.

10 Pensaba en él muchas veces, con esa mezcla de emoción y curiosidad que despiertan en nuestra alma los personajes con los que nunca hemos hablado y cuya historia se *nos antoja misteriosa.* Como el sombrerero de Alicia en el país de las maravillas, como la estatua de
15 la Libertad, como Robinson al llegar a la isla. La única diferencia era que sus padres a estos personajes no los *sacaban* en sus conversaciones, y a Aurelio, en cambio, sí. Y *con mucha frecuencia.*

-¿Pero quién es Aurelio? -le preguntaba a su madre,
20 aunque con pocas esperanzas de recibir una *respuesta* satisfactoria.

-El marido de la abuela.

El señor Allen se reía cuando le oía decir esto.

-¿Entonces es mi abuelo?

---

le hizo tanta gracia, lo encontró tan divertido.
ocurrencia, idea original o inesperada.
no hacer más que hablar de, estar todo el tiempo hablando de.
figurarse algo/a alguien, imaginarse cómo es una cosa/una persona.
se nos antoja misteriosa, pensamos, aunque sin seguridad, que es misteriosa.
sacar, aquí: hablar constantemente de alguien.
con frecuencia, muchas veces.
respuesta, contestación; aquí: explicación.

La señora Allen le *daba un codazo* al señor Allen y le hacía un gesto muy raro con las *cejas*. Eso era el *aviso* de que prefería cambiar de conversación.

-¿Pero es mi abuelo o no?

-Desde luego a tu abuela la trata como a una reina - decía él-. Como a una verdadera reina. ¡Los reyes de Morningside! 5

-No le hagas caso a tu padre, que siempre *está de broma*, ya lo sabes -*intervenía* la señora Allen.

Sí. Sara lo sabía. Pero las bromas de las personas mayores no conseguía entenderlas, porque no tenían ni pies ni cabeza. 10

De todas maneras, la noticia de que Aurelio tratara a la abuela como a una reina fue muy importante para *dar pie a* las fantasías de Sara. Claro: era un rey. 15

La *librería de viejo* de Aurelio Roncali se llamaba

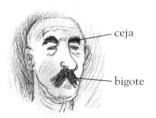

ceja

bigote

---

dar un codazo a alguien, dar a alguien un pequeño golpe con el codo.
aviso, advertencia, señal.
estar de broma, hablar con poca seriedad.
intervenir, aquí: hablar interrumpiendo a alguien.
dar pie a, ser la causa de.
librería de viejo, librería donde se venden libros (y a veces también otros objetos) de segunda mano. (La descripción de la "librería de viejo", según se la imagina Sara, recuerda el ambiente de "Alicia en el país de las maravillas" y es un ejemplo claro de la capacidad de C. Martín Gaite para describir y adentrarse en el mundo de los niños, tal como ellos se lo imaginan.)

Books Kingdom, o sea El Reino de los Libros. Sara tenía muchas ganas de ir a aquella tienda, pero nunca la llevaban, porque decían que estaba muy lejos. Se la imaginaba como un país *chiquito*, lleno de escaleras, de
5 *recodos* y de *casas enanas*, escondidas entre *estantes* de colores, y habitadas por unos seres *minúsculos* y *alados* con *gorro en punta* que se metían entre las páginas de los libros y contaban historias que se quedaban dibujadas y escritas allí.
10 Pero de pronto Sara, cuando estaba inventando esta historia y soñando con vivir también ella en Books Kingdom, aunque fuera teniendo que *reducirse de tamaño* como Alicia, se quedaba mirando a las paredes de la casa donde vivía de verdad en Brooklyn, de donde casi nun-
15 ca salía. Y entonces *se le empezaban a agolpar las preguntas sensatas*. Por ejemplo, por qué el rey de aquella *tribu de cuentistas enanos y fosforescentes* le mandaba regalos. Y

chiquito (*chico*), muy pequeño.
recodo, esquina.
casa enana, casa muy pequeña (*enano*).
el estante, tabla dentro de un armario o en una estantería sobre la que se ponen las cosas, por ejemplo los libros.
minúsculo, muy pequeño.
alado, con alas.
gorro en punta, sombero que se usaba generalmente para dormir.
reducirse de tamaño, hacerse mucho más pequeña (para poder vivir en la casa enana que para Sara es la librería).
se le empezaban a agolpar las preguntas, se preguntaba muchas cosas al mismo tiempo.
sensato, razonable.
la tribu, grupo de personas (con costumbres semejantes y el mismo jefe).
el/la cuentista, aquí: persona que cuenta cuentos.
enano, muy pequeño.
fosforescente, con un brillo especial, de forma que se ve también en la oscuridad.

por qué no podía conocerlo ella. ¿Por qué no venía él en persona a traerle los libros? ¿Era alto o bajo? ¿Joven o viejo? Y sobre todo, ¿era su amigo o no?

-Tu abuelo no es, eso *que se te meta bien en la cabeza* -le dijo su madre un día.

Y, para que se quedara más convencida, había ido a buscar el álbum familiar y le había señalado una fotografía muy *borrosa* del principio, donde aparecía una mujer muy guapa y muy alta vestida de blanco y cogida del brazo de un hombre mucho más bajito que ella que miraba a la cámara *con cara de susto*.

-Fíjate bien. Ése es tu abuelo Isaac, que en paz descanse. O sea, mi padre. Y ella, mamá. ¿Entendido?

-No mucho -dijo Sara, sin gran interés.

-Pues *se acabó*. Son tus abuelos y punto.

Morningside es un barrio de Manhattan que, como ya se ha dicho, *pilla al norte*, por la parte de arriba del jamón. Antes de nacer Sara, la abuela vivía también en Manhattan, pero al sur, *justo* al otro lado del East River. Sara estaba acostumbrada a oír hablar a su madre con *nostalgia* de esa casa, donde también ella había vivido de *soltera*. La llamaba "la casa de la avenida C". Y pare-

---

que se te meta bien en la cabeza, no lo olvides.

borroso, poco claro, *confuso*.

con cara de susto, de forma que la expresión de la cara indica cierto miedo.

se acabó, expresión familiar que a veces usan los adultos para no seguir hablando de un tema o para ordenar algo sin decir por qué.

pilla al norte, familiar: está al norte.

justo, aquí: exactamente.

nostalgia, sentimiento (generalmente triste) porque no se tiene cerca una cosa o a una persona deseada.

soltera, no casada.

cía echarla de menos, sobre todo porque estaba más cerca de Brooklyn que la otra.

Cuando estaba a punto de nacer Sara, la abuela Rebeca *se había mudado* con aquel misterioso marido o *lo que fuera* al barrio de Morningside, cerca de donde él tenía la librería de viejo. Era la única casa de la abuela que Sara había conocido.

Sus primeras fantasías infantiles *se habían tejido en torno a* aquel nombre -Morningside-, que le parecía maravilloso por el sonido que tenía al decirlo, como de *aleteo* de pájaros. Pero además es que allí, es decir al lado de la mañana, vivían Aurelio y Rebeca, dos seres tan distintos a Samuel Allen y su mujer.

De todas maneras, mientras la abuela estuvo viviendo con el rey-librero de Morningside, el señor Allen, aunque *bromeara* sobre ellos, parecía *tenerles a los dos más simpatías* que su mujer. Y eso era lo raro. Por lo menos *respetaba* sus costumbres y no los juzgaba ni le ponían nervioso; allá ellos con su vida. *Se limitaba* a llamarlos "los de Morningside".

-Esta mañana me han telefoneado a la *fontanería* los

---

mudarse, cambiar de casa.

lo que fuera, familiar para indicar que él (Roncali) es su marido o cualquier otra cosa.

tejerse, aquí: formarse sólo como producto de la imaginación de la niña.

en torno a, alrededor de.

aleteo, movimiento de las alas para volar.

de todas maneras, a pesar de todo.

bromear, hablar con poca seriedad, estar de broma.

tener simpatía a alguien, tener sentimientos positivos hacia una persona.

respetar, aquí: aceptar (ideas o costumbres de otra persona) aunque se piense de otra manera.

limitarse a, aquí: hacer solamente.

fontanería, taller o tienda donde trabaja el fontanero.

24

de Morningside -decía alguna noche, a la hora de la cena.

-¡Vaya, hombre! ¿Y por qué no llaman aquí?

El señor Allen seguía comiendo tan tranquilo o mirando la televisión, o las dos cosas al mismo tiempo. 5

-Y *a mí qué me cuentas*, chica. Habrán llamado y estarías comunicando. ¿No es tu madre? Pregúntaselo tú. A lo mejor le aburre que siempre le estés dando consejos, como si fuera una niña chica.

-Es que es como una niña chica. 10

-Bueno, pero yo no, y también me los das.

-Está bien. ¿Y qué querían?

-Decir que ella se iba esta tarde a cantar a Nyack. O *sea que* ya se habrá ido. Va a estar dos días allí.

El nombre de Gloria Star todavía se recordaba en 15 algunas salas de fiesta de tercera categoría, y aún la invitaban *de cuando en cuando* a cantar blues, apoyada contra un viejo piano.

-¡*Vaya por Dios*! -suspiraba la señora Allen-. Por eso no le gustaba hablar conmigo, claro, porque sabe lo que 20 le iba a decir.

-¿Pero por qué le tienes que decir nada? ¿A ti qué te importa? -decía el señor Allen-. Déjala que cante, si es su gusto.

Sara, a la abuela, la recordaba tal como la había vis- 25 to por primera vez en la casa de Morningside. Lo que más le impresionó aquel día es que le había parecido más joven que su madre. *Llevaba puesto* un traje de seda

a mí qué me cuentas, no me interesa lo que dices.
o sea que, es decir.
de cuando en cuando, algunas veces.
¡*Vaya por Dios*!, expresión familiar para indicar sorpresa, disgusto...
llevar puesto, estar vestido con.

verde y estaba sentada ante un *tocador* de tres *espejos*. La abuela, mientras *se maquillaba* delante del espejo, *canturreaba* siguiendo los sones de una canción italiana que estaba sonando en el 'pick-up':

5
> Parlami d'amore,
> Mariú,
> tutta la mia vita
> sei tu...

Parecía otra la abuela entonces. También la casa de
10 Morningside.

Antes del plano de Manhattan y de los libros de cuentos, el primer regalo que Sara había recibido del rey-librero de Morningside -cuando tenía sólo dos años- fue un *rompecabezas* enorme. Sus *cubos* llevaban en
15 cada cara una *letra mayúscula* diferente, con el dibujo en colores de una flor, fruta o animal cuyo nombre empezara por aquella letra.

Gracias a ese rompecabezas, Sara *se familiarizó con* las *vocales* y las *consonantes*, y les tomó cariño, *incluso*

el tocador, mueble (generalmente con un espejo delante) que se usa para pintarse, *maquillarse*...

espejo, superficie brillante que refleja lo que está delante.

maquillarse, pintarse la cara, los labios...

canturrear, cantar con poca claridad (una melodía, una canción...).

el rompecabezas, juego que consiste en unir correctamente las partes de una figura (hoy también se utiliza en España el anglicismo "puzzle").

cubo, objeto geométrico con seis cuadrados iguales (por ejemplo un dado).

letra mayúscula, letra que se utiliza al principio de un texto o después de un punto (A, B, C...).

familiarizarse con una cosa, acostumbrarse a algo.

la vocal, a, e, i, o, u (en español hay 5 vocales).

la consonante, b, c, d... (en español hay 22 consonantes; la "ch" y la "ll" no se consideran hoy consonantes propias, la "ñ" sí).

incluso, hasta.

antes de entender para qué servían. *Ponía en fila* los cubos, les daba la vuelta y *combinaba a su capricho* las letras que iba distinguiendo unas de otras. La E parecía un *peine*, la S una *serpiente*, la O un huevo, la X una cruz *ladeada*, la H una escalera para enanos, la T una ⁵ antena de televisión. Su padre le había dado un *cuaderno* grande, con tapas duras como de libro. Era de *papel cuadriculado*, con rayas rojas a la izquierda, y en él empezó a pintar Sara unos *garabatos* que imitaban las letras y otros que imitaban muebles, *cacharros de cocina*, ¹⁰ nubes o tejados.

Por eso le gustaban mucho los anuncios *luminosos*

peine

poner en fila, colocar las cosas una detrás de otra.

combinar a su capricho, poner (las letras) como le gusta a alguien, sin orden lógico.

la serpiente, reptil de cuerpo alargado, sin patas, que vive en la tierra (o en el agua).

ladeado, inclinado hacia un lado (no perpendicular).

cuaderno, papeles unidos que sirven para escribir, sobre todo en el colegio.

el papel cuadriculado, papel para escribir con líneas horizontales y perpendiculares.

garabatos, dibujos irregulares, sin forma concreta, que hacen sobre todo los niños pequeños.

los cacharros de cocina, lo que se usa en la cocina para poner líquidos u otras comidas.

luminoso, que tiene luz.

que *alternaban* imágenes con *letreros, marilines monroes* apagándose y la marca de un *dentífrico* encendiéndose. Porque las letras y los dibujos eran hermanos de padre y madre: el padre *el lápiz afilado* y la madre la imagina-
5 ción.

Las primeras palabras que escribió Sara en aquel cuaderno de tapas duras que le había dado su padre fueron río, luna y libertad, además de otras más raras que le salían *por casualidad*, a modo de *trabalenguas*, mez-
10 clando vocales y consonantes *a la buena de Dios*. Estas palabras que nacían sin quererlo ella misma, como *flores silvestres* que no hay que *regar*, eran las que más le gustaban, las que le daban más felicidad, porque sólo las entendía ella. *Las repetía* muchas veces, *entre dien-*
15 *tes*, para ver cómo sonaban, y las llamaba "farfanías". Casi siempre le hacían reír.

-Pero ¿de qué te ríes? ¿Por qué mueves los labios? -le preguntaba su madre, mirándola con inquietud.

-Por nada. Hablo bajito.

alternar, cambiar.

letrero, texto escrito (por ejemplo con el nombre de una calle, una tienda...).

marilines monroes (*Marilyn Monroe*), se refiere a imágenes luminosas de la conocida artista norteamericana (1926-1962) que fue protagonista de muchas películas.

dentífrico, pasta de dientes.

el lápiz afilado, lapicero con punta para escribir.

por casualidad, sin querer, sin buscarlo expresamente.

el trabalenguas, conjunto de palabras muy difíciles de pronunciar (por ejemplo "tres tristes tigres", título de una novela del cubano Cabreara Infante).

a la buena de Dios, familiar: sin lógica, sin sentido.

la flor silvestre, flor que nace en el campo sin tener que cultivarla.

regar, poner agua a las plantas.

repetir una cosa entre dientes, decir algo en voz baja y poco clara, no comprensible para los demás.

-¿Pero con quién?

-Conmigo; es un juego. Invento farfanías y las digo y me río, porque suenan muy *gracioso*.

-¿Que inventas qué?

-Farfanías. 5

-¿Y eso qué quiere decir?

-Nada. Casi nunca quieren decir nada. Pero algunas veces sí.

-Dios mío, esta niña está loca.

La señora Allen, algunas noches, subía al piso dieci- 10 siete, apartamento F, para ver un rato a su vecina la señora Taylor y *desahogarse con* ella.

-Siempre parece que me está ocultando algún secreto, ya ves, *con lo pequeña que es*; o como pensando en otra cosa; ¿no te parece raro? Y luego tan arisca. Sale a 15 mi madre.

La señora Taylor, que *estaba suscrita a* una *revista* de *divulgación científica*, era quien había *sugerido* a la seño-ra Allen que llevara a su hija a un psiquiatra. Según ella, *tenía complejo de superdotada*. 20

-Pero tiene que verla uno que sea bueno -añadía, con gesto de enterada- porque, si no, los niños se trau-matizan.

gracioso, divertido.
desahogarse con alguien, hablar abiertamente de los problemas propios con otra persona.
con lo pequeña que es, a pesar de que es muy pequeña.
estar suscrito a, recibir regularmente una publicación.
revista, publicación que aparece cada semana, cada mes...
la divulgación científica, explicación de temas científicos de forma sencilla, para que los entiendan también los no expertos.
sugerir, proponer una idea.
tener complejo de, creer que se tiene una cualidad, positiva o negativa, que nos hace diferentes a los demás.
superdotada, especialmente inteligente.

29

-Fíjate, pero uno bueno será carísimo. Quick Plumber *no da para tanto*. *Y luego que* Samuel no querría.

Quick Plumber era el nombre del *taller* de fontanería que tenía montado el señor Allen con otro socio
5 más joven. Y precisamente este socio era el marido de la señora Taylor. Se llamaba Philip, solía vestir de *cuero* negro, tenía una moto muy grande y formaba parte del grupo de amigos bromistas del señor Allen. A la señora Allen le parecía muy guapo.

10 Los Taylor tenían un niño muy gordo, un poco mayor que Sara, y que en dos o tres ocasiones había bajado a jugar con ella. Pero casi no sabía jugar y siempre estaba diciendo que se aburría y sacándose de los bolsillos *abultados* de la chaqueta *caramelos*, *pirulís* y *chi-*
15 *cles*. Se llamaba Rod. Pero en el barrio le llamaban Chupa-chup.

Rod no tenía el menor complejo de superdotado. Le estorbaba todo lo que tuviera que ver *con la letra impresa*, y a Sara nunca se le ocurrió *compartir con* él el len-
20 guaje de las farfanías, que ya al cabo de los cuatro primeros años de su vida contaba con expresiones tan inolvidables como "amelva", "tarindo", "maldor" y

---

no da para tanto, aquí: no se gana suficiente dinero.

y luego que..., además.

el taller, lugar o tienda (aquí: fontanería) donde se reparan cosas.

cuero, piel de animales (usada para zapatos, ropa...).

abultado, aquí: lleno de cosas.

caramelo, dulce de azúcar (y limón, naranja, café...) para chupar en la boca.

el pirulí, caramelo con un pequeño palo para sujetarlo en la mano.

el chicle, goma de mascar (del náhuatl "tzictli").

letra impresa, aquí: libros, periódicos, revistas...

compartir una cosa con alguien, tener o usar una cosa junto con otra persona.

"miranfú". Eran de las que habían *sobrevivido*.

Porque unas veces las farfanías se quedaban bailando por dentro de la cabeza, como un *canturreo sin sentido*. Y ésas *se evaporaban* enseguida, como el humo de un cigarrillo. Pero otras permanecían tan *grabadas en la memoria* que no *se* podían *borrar*. Y llegaban a significar algo que se iba adivinando con el tiempo. Por ejemplo, "miranfú" quería decir "va a pasar algo diferente" o "me voy a llevar una sorpresa". 5

Pocos días después se enteró de repente, por una conversación telefónica de su madre con la señora Taylor, de que Aurelio Roncali había *traspasado* su tienda de libros, se había ido a Italia y ya no vivía con la abuela. La señora Allen hablaba con voz *doliente* y *confidencial*. De pronto vio a su hija, que llevaba un rato largo *parada* en la puerta de la cocina, y *se indignó*: 10 15

-¿Qué haces ahí, enterándote de lo que no te importa? ¡Vete a tu cuarto! -*chilló* enfadadísima.

Pero Sara estaba pálida como el papel, tenía los ojos perdidos en el vacío y no se movía. Su madre se asustó un poco. 20

-Te llamo dentro de un momento, Lynda -dijo-. No,

---

sobrevivir, no morir o desaparecer.
canturreo, acción de *canturrear*.
sin sentido, sin un significado concreto.
evaporarse, aquí: olvidar.
grabado en la memoria, muy bien aprendido, de forma que no se olvida.
borrarse, aquí: olvidar.
traspasar, aquí: vender.
doliente, con dolor.
confidencial, dicho en secreto.
llevaba un rato parada, estaba allí algún tiempo sin moverse.
indignarse, enfadarse mucho.
chillar, gritar.

31

no es nada, *no te preocupes*.

Y *colgó*.

Cuando llegó al lado de su hija y quiso abrazarla, ella la *rechazó*.

5 -¿Pero qué te pasa, por favor, Sara? Estás temblando.

La niña, *efectivamente*, temblaba como una hoja. La señora Allen le acercó un *taburete* para que se sentara. Entonces ella se tapó la cara con las manos y *estalló en un llanto sin consuelo*.

10 -Di algo, dime algo -suplicaba la señora Allen-. ¿Estás mala? ¿Qué te duele?

-Miranfú, miranfú -*balbuceaba* la niña entre *hipos*-, pobre miranfú...

Estuvo varios días con *fiebre* muy alta y en sus *delirios* 15 llamaba a Aurelio Roncali, decía que quería entrar en el Reino de los Libros, que él era su amigo, que tenía que volver.

Pero Aurelio Roncali nunca volvió. Ni volvió tampoco a ser *mencionado* delante de ella. Sara comprendió 20 que tenía que guardar silencio. Aquellas fiebres le habían *otorgado* el don del silencio. Se volvió obediente y

---

preocuparse, sentir intranquilidad o temor.

colgar (*el teléfono*), poner el auricular en su sitio después de hablar por teléfono.

rechazar, aquí: no dejar que se acerque otra persona.

efectivamente, de hecho.

el taburete, asiento pequeño sin respaldo y sin brazos.

estallar en (*un*) *llanto*, comenzar de repente a llorar.

sin consuelo, aquí: muy triste.

balbucear, hablar poco claramente, haciendo pausas entre cada palabra.

hipo, ruido que se produce a veces por movimientos involuntarios del diafragma.

la fiebre, temperatura del cuerpo humano superior a 37 grados.

delirio, palabras que se dicen en sueños cuando se tiene mucha fiebre.

mencionar, nombrar, hablar de.

otorgar, aquí: regalar.

resignada. Había entendido que los sueños sólo se pueden cultivar *a oscuras* y en secreto.

Tenía Sara entonces cuatro años, y ahora, al cabo de otros seis, le parecía que todo aquello lo había soñado.

Aquel rey-librero de Morningside, del que apenas 5 sabía nada, había existido. Y había sido el primero en *inyectarle* sus dos pasiones fundamentales: la de viajar y la de leer. Y las dos se fundían en otra, porque leyendo se podía viajar con la imaginación, o sea soñar que se viajaba. 10

TRES

Viajes rutinarios a Manhattan.
La tarta de fresa

Conocer Manhattan se había convertido para Sara en una *obsesión*.

Ya ni siquiera *aguzaba el oído* para enterarse de por 15 qué sus padres *se ponían a discutir* en cuanto se metían en la cama. Casi siempre *salía a relucir* el matrimonio Taylor, como punto de comparación. Al señor Allen,

---

resignado, que acepta algo que no gusta.
a oscuras, aquí: sin hablar de ello con otras personas.
inyectar, aquí: comunicar, convencer a alguien de una cosa.
la obsesión, idea fija y constante.
aguzar el oído, escuchar con mucha atención.
ponerse a discutir, empezar a hablar manteniendo opiniones diversas.
salir a relucir, aquí: nombrar (a alguien).

Lynda Taylor le parecía alegre, dulce y *juvenil*. Y además nunca iba sucio; usaba desodorante.

–¿Y tú por qué lo sabes?

–Me lo ha dicho Lynda.

5 –¡Pues *vaya de unas tonterías* que habláis las mujeres!

Sara encendía la luz, sacaba del *cajón de la mesilla* el plano de Nueva York que le regaló años atrás el señor Aurelio, y se ponía a mirarlo.

Entonces empezaba a soñar con los ojos abiertos y la
10 discusión de sus padres se convertía en una música de fondo sobre la que se iban desarrollando las imágenes de su excursión fantástica por las calles, plazas y parques que no conocía. Unas veces volaba por encima de los rascacielos, otras *iba a nado* por el río Hudson, otras
15 en *patines* o en helicóptero. Y al final de aquel recorrido *sonámbulo*, cuando ya empezaban a pesarle los párpados, Sara se veía a sí misma *acurrucada* en una especie de *nido* que alguien había fabricado para ella en lo más alto de la estatua de la Libertad, *disimulado* entre
20 los *pinchos* de su *corona* verde...

Sara solamente cruzaba el puente de Brooklyn una vez a la semana, y siempre con su madre, cumpliendo puntualmente a las mismas horas el mismo recorrido.

---

juvenil, propio de la juventud.

vaya (de) tonterías, qué temas sin importancia.

el cajón de la mesilla, parte de la mesita junto a la cama (que se puede sacar y no tiene tapa).

ir a nado, nadar.

los patines, zapatos con ruedas para caminar rápidamente sobre suelos lisos. Ver ilustración en pág. 111.

sonámbulo, persona que se levanta y hace cosas estando dormida.

acurrucado, doblado o encogido (por ejemplo, para protegerse del frío).

nido, donde los pájaros ponen sus huevos.

disimulado, aquí: escondido.

pincho, *corona*, ver ilustración en pág. 70.

Pero estaba deseando que llegaran los sábados para acompañar a su madre en aquella visita obligada, y se le hacía cortísimo el tiempo que pasaban allí, en la casa del piano negro, los armarios desordenados y los ceniceros llenos de colillas. Le encantaba el piso de la abuela Rebeca, tal vez por ser la única casa de Manhattan donde había entrado, y las historias que contaba la abuela Rebeca cuando estaba de buen humor. 5

Ella soñaba -¡miranfú!- con que algún día se iría a Manhattan a vivir con la abuela. 10

El viaje semanal a Morningside era como *leña* nueva para alimentar el fuego de ese sueño.

En cambio a la señora Allen la ponían muy triste aquellas visitas y, cuando volvían a Brooklyn en el *metro*, ya de noche, solía venir secándose las lágrimas 15 con un pañuelo grande que sacaba del bolsillo de la chaqueta. Sara miraba alrededor muy nerviosa porque le parecía que iban a llamar la atención, pero luego se daba cuenta de que nadie se fijaba en ellas, porque la gente que viaja en el metro de Nueva York lleva siem- 20 pre los ojos puestos en el vacío, como si fueran *pájaros disecados*.

-Se muere, el *día menos pensado* se nos muere -*lloriqueaba* la señora Allen.

-¿Pero de qué se va a morir, mamá, si no está mala? 25 Yo la he visto muy alegre.

A Sara le parecía que el único rato bueno que le proporcionaban a su madre aquellos viajes a Manhattan

leña, madera para hacer fuego.
metro, ver ilustración en pág. 43.
pájaro disecado, pájaro muerto y preparado como si estuviera vivo.
el día menos pensado, cualquier día.
lloriquear, llorar un poco.

era el que se pasaba *la víspera* metida en la cocina, pre-
parando la tarta de fresa que siempre le llevaban a la
abuela. La hacía por la noche, mientras el señor Allen
leía el periódico o miraba un *partido de béisbol* por tele-
5 visión.

-¡Mira qué bien huele, Samuel! -decía Vivian Allen
todos los viernes con idéntico entusiasmo cuando sacaba la tarta del *horno*-. Me ha quedado mejor que nunca.

Luego la dejaba *enfriar* un poco, la *envolvía* cuidado-
10 samente en *papel de plata* y la colocaba en el fondo de
una cesta.

-Y mañana estará mejor todavía -añadía satisfecha-.
Las tartas, para que queden buenas, hay que hacerlas de
víspera. Le va a encantar. *Se va a chupar los dedos.*

15 Pero Sara notaba que, en cuanto su madre dejaba la
tarta metida en la cesta y se ponía a *sacarle brillo al* horno, empezaba a borrarse de su rostro la *animación* que
lo había *iluminado* hasta entonces.

Al día siguiente ellas dos comían más temprano que
20 de costumbre.

-Y ahora el sandwich de tu padre. Que no se nos
olvide.

El taller Quick Plumber, Fontanería de Urgencia,
propiedad de Allen and Taylor, abría también los sába-

---

víspera, el día anterior.
partido de béisbol, deporte (del inglés "baseball").
horno, parte de la cocina donde se pueden asar los alimentos.
enfriar, ponerse frío.
envolver, cubir por todos los lados.
el papel de plata, papel de estaño.
chuparse los dedos, sentir un gran placer comiendo algo.
sacar brillo a una cosa, aquí: limpiar muy bien.
la animación, aquí: el interés.
iluminar, aquí: presentar una expresión de alegría o gran interés.

dos. Y últimamente, según le había oído comentar Sara a su madre, el negocio *iba viento en popa*.

Cuando el señor Allen llegaba del trabajo a las seis, ellas no habían vuelto todavía, pero se encontraba con una nota de su mujer y un sandwich de *pepino*. 5

La señora Allen nunca se olvidaba de preparar el sandwich ni de escribir la nota. Siempre le ponía exactamente lo mismo:

"Samuel, como es sábado, me voy con la niña a ver a mi madre para limpiarle aquello un poco y llevarle la 10 tarta de fresa. Ahí te dejo el sandwich."

Después se sentaba en una *banqueta* del cuarto de baño, colocaba a Sara entre sus rodillas y empezaba a peinarla muy nerviosa y *dándole muchos tirones en el pelo*, porque decía que se les hacía tarde. 15

—Parece que no, pero es un viaje. Un viaje de muchas *millas*.

Sara aprovechaba para preguntarle a su madre si era más bonita la calle de la avenida C que la de Morningside. Ella *se encogía de hombros*, decía que no se acorda- 20 ba bien.

—¿Cómo no te vas a acordar, si viviste allí de soltera?

—Bueno, pues no sé. Tenía un 'living' grande. Y desde mi cuarto se veía el East River.

—¿Y por qué se fue de aquella casa? ¿Le gustaba más 25 Morningside? ¡Ay, mamá, no me des tantos tirones!

ir viento en popa, funcionar muy bien.
pepino, hortaliza (alargada, verde por fuera y blanca por dentro, que se come normalmente como ensalada).
banqueta, silla pequeña, sin brazos y sin respaldo.
dar tirones en el pelo, tirar (y hacer un poco de daño) peinando.
milla, 1609 metros.
encogerse de hombros, levantar los hombros para indicar que no se sabe algo.

37

-La culpa la tienes tú que no te estás quieta.

-Pero contéstame.

-Pues se fue porque *le dio por ahí*. Ya sabes que la abuela es *caprichosa* y tiene que *salirse siempre con la* 5 *suya*. Igual que tú.

Pero de Aurelio Roncali no decía una palabra.

-Ya te digo, hija -seguía la señora Allen hablando muy deprisa-. Lo que me parece una locura es que la abuela viva a tantas millas de distancia. No hay mane-10 ra de meterle en la cabeza que donde estaría mejor es aquí, con nosotros.

Sara se quedaba pensativa. Aquella solución le parecía completamente absurda, y estaba segura de que la abuela nunca la habría aceptado.

15 -¡Vamos, *espabila*! -le decía su madre-. ¿En qué estás pensando? ¿No ves que *se hace tarde*?

Le ponía un *impermeable* rojo de *hule*, lloviera o no, y le daba la *cesta* tapada con una *servilleta de cuadros* blancos y rojos. Debajo de aquella servilleta iba la tarta.

20 Y la señora Allen, después de *comprobar* que dejaba cerrada la llave del gas, que la nota para su marido quedaba encima de la *nevera* en lugar bien visible y que

---

le dio por ahí, familiar: fue una idea improvisada.
caprichosa, persona que actúa sin lógica.
salirse con la suya, conseguir lo que se desea.
espabilar, despertarse.
se hace tarde, es tarde ya.
el impermeable, abrigo para protegerse de la lluvia.
el hule, caucho o goma elástica.
servilleta de cuadros, trozo de tela o papel para limpiarse después de comer.
comprobar, revisar bien.
nevera, mueble para conservar fríos los alimentos.

servilleta
de cuadros

cesta de
mimbre

ninguno de los *grifos goteaba*, se ponía a *repasar* cosas dentro de su *bolso*, mientras las iba nombrando entre dientes.

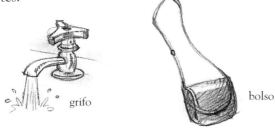

grifo

bolso

A ver. Las llaves, *las gafas, el monedero... El dinero suelto* para el metro lo voy a llevar en la mano. Espera, 5 *sujétame* un momento el *paraguas*.

gafas

monedero

paraguas

Cerraba con tres llaves que metía en *cerraduras* colocadas a alturas diferentes, y luego llamaba al *ascensor*. Desde aquel momento cogía a la niña fuertemente de la mano y ya no la soltaba hasta que llegaban a casa de 10 la abuela.

gotear, caer gotas de agua.
repasar, aquí: mirar bien si se ha olvidado algo.
dinero suelto, monedas.
sujetar, tener firmemente algo con la mano para que no se caiga.
cerradura, parte de la puerta que se cierra o se abre con la llave.
el ascensor, aparato para subir (o bajar) de un piso a otro.

Sara se *miraba* en el espejo del ascensor y luego *de reojo* en todos los *escaparates* que se iban encontrando hasta llegar a *la boca del metro*. No le gustaba que su madre la llevara tan agarrada, pero era inútil soñar con
5 soltarse.

la boca del metro

Sara se ponía a mirar a la gente, a un negro que vendía plátanos en un carrito, a un chico que iba en moto con *los auriculares* puestos, a una rubia de *tacones* altos, a un viejo que tocaba *la flauta* sentado en unas escale-
10 ras; miraba los letreros, esperaba, siempre agarrada de la mano de su madre, a que se encendiera la luz verde para pasar a la otra acera, llegaban a la boca del metro.

mirar de reojo, mirar (con disimulo) hacia un lado.
el escaparate, en una tienda, espacio donde se expone lo que se vende.
el tacón (los tacones), parte del zapato para levantar el pie por detrás.
flauta, instrumento musical largo y con agujeros que se tapan o destapan con los dedos.

40

auriculares

Entraban *arremolinados* con los demás, pasaban aquellos *barrotes giratorios en forma de cruz* que sólo *cedían* metiendo por una *ranura* las dos *fichas doradas* que la señora Allen acababa de comprar...

ficha

ranura

barrote giratorio
en forma de cruz

arremolinados, todos juntos.
los barrotes giratorios en forma de cruz, para entrar al andén del metro de Nueva York, hay que introducir una ficha en una ranura que permite mover los *barrotes giratorios*. El metro de esta ciudad tiene 1142 kilómetros y 469 estaciones.
ceder, aquí: moverse.
dorada, con color de oro.

Entraban al *andén*. La señora Allen miraba recelosa y le *apretaba* la mano más fuerte todavía. De los viajeros que esperaban en el andén, unos despertaban sus sospechas más que otros y de eso dependía *el vagón* que 5 escogiera para *montarse* cuando llegaba al fin el metro a tanta *velocidad* que parecía que no iba a pararse. Sara pensaba muchas cosas en cuanto entraba en el vagón y se ponía a mirar a toda aquella gente.

-¿Por qué miras a ese señor?
10 -Porque va hablando solo.
-Déjalo. ¿No ves que no le mira nadie?
-Claro, pobrecillo, por eso le miro yo.
-Y a ti qué te importa. Son asuntos suyos.

Había mucha gente que iba hablando sola en el 15 metro de Nueva York. Unos entre dientes, otros más alto y algunos incluso echando discursos como si fueran curas. Estos últimos solían llevar las ropas en desorden y el pelo *alborotado*, pero, aunque decían de vez en cuando, con un tono *altisonante*, "hermanos" o "ciu-20 dadanos", sus palabras se *estrellaban contra* una *muralla* de silencio y de indiferencia. Nadie los miraba.

-Déjame, mamá, no me *desabroches más botones*. Si no tengo calor.

apretar, sujetar fuertemente.
montarse, aquí: entrar.
la velocidad, rapidez (del metro).
alborotado, aquí: mal peinado.
altisonante, solemne, muy alto, exagerado.
estrellarse contra, aquí: no despertar interés.
muralla, muro o pared imposible de atravesar.
desabrochar un botón, soltar un botón (objeto que se pone en la ropa, pasándolo por un ojal, para sujetarla).

-Claro, no, tú siempre te crees que lo sabes todo. ¿Te puedes estar quieta?

-Del calor que tengo sé más que tú.

-Sí, pero luego al salir, con la diferencia de temperatura, *te coges un constipado*, ¿y qué?

5

coger un constipado, resfriarse.

43

-Pero si yo nunca me cojo constipados...

-¿Llevas la cesta bien agarrada?

-Que sí, mamá.

-¿Pero qué te pasa? ¿Por qué cierras los ojos? *¿Te*
5 *mareas?*

-Déjame. ¡Es que vamos por debajo del río!

-¿Y qué? ¡Vaya una novedad! Pareces tonta, hija...

Había un *tramo* al principio del viaje en que el metro
iba, efectivamente, por dentro del East River. Sara
10 cerraba los ojos no porque se mareara ni porque tuviera
miedo, sino porque no podía *soportar* que unos asuntos
tan *insulsos* vinieran a interrumpir los pensamientos de
ella cuando se estaba produciendo *el milagro* de viajar
por dentro de un túnel sobre el que pesaban *toneladas* de
15 agua. Su *trayecto* era de unas dos millas y se llamaba el
Brooklyn-Battery-Tunnel porque, después de pasar el
río, se metía por debajo de Battery Park, el parque que
queda más al sur de Manhattan. Pasar a Manhattan por
debajo de un río era la prueba más *patente* de que en
20 aquella isla podía ocurrir de todo.

A Sara le daba vueltas la cabeza *como si fuera un
molino* y se le ocurrían cientos de preguntas que le quería hacer a la abuela Rebeca en cuanto llegaran a su
casa.

---

marearse, cuando da vueltas la cabeza (hasta perder el conocimiento).
tramo, parte de un trayecto.
soportar, tolerar, aguantar.
insulso, aquí: aburrido.
milagro, hecho que la ciencia no puede explicar.
tonelada, mil kilos.
trayecto, camino desde un lugar a otro.
patente, claro, evidente.
como si fuera un molino, dando muchas vueltas (como cuando alguien
se marea).

CUATRO

Evocación de Gloria Star.
El primer dinero de Sara Allen

Cerca de casa de la abuela Rebeca había un parque
misterioso y sombrío, que se iniciaba en un *declive* a
espaldas de la catedral de San Juan el Divino. Se lla-   5
maba Morningside, como el barrio, y había que bajar a
él por unas escaleras de piedra, porque estaba en una
hondonada. Tenía fama de ser muy peligroso.

Años atrás, un desconocido, a quien la imaginación
popular había *bautizado* con el nombre de "el vampiro   10
del Bronx", eligió aquel lugar como campo de operaciones para sus crímenes nocturnos, que recaían siempre en víctimas femeninas. Fueron cinco los *cadáveres*
de mujeres descubiertos en Morningside *a lo largo de*
pocos meses, la voz se corrió y, como consecuencia, ya   15
hacía tiempo que nadie se atrevía de día ni de noche a
cruzar el parque de Morningside.

A Sara le gustaba mucho mirar el parque abandonado desde la ventana del *cuarto de estar*, el mayor de la
casa, donde la abuela tenía el piano. Junto a aquella   20
ventana tenía instalada la abuela su *butaca* preferida,

---

la evocación, el recuerdo.
el declive, inclinación, cuesta.
hondonada, terreno más bajo que los que lo rodean.
bautizar, aquí: dar un nombre.
el cadáver, cuerpo muerto.
a lo largo de, aquí: durante.
cuarto de estar, habitación donde la familia pasa la mayor parte del
tiempo.
butaca, ver ilustración en pág. 46

teléfono

secret

butaca

florero de China

dólares

aunque estaba un poco vieja y se salían los *muelles* por abajo. Sara, mientras su madre bajaba a hacer alguna compra o *barría* en la cocina, se sentaba en una sillita baja enfrente de la abuela, para hacerle compañía y escuchar sus cuentos.   5

-Abuela, ¿es bonito por dentro Morningside?

-¡Bah, *ni fu ni fa*! Mucho más bonito Central Park, *dónde va a parar*. A mí me *encantaría* tener dinero y vivir por la parte sur de Central Park. *Menudos edificios* hay allí... Este parque, si quieres que te diga la verdad,   10 lo único que tiene es el misterio que ha cogido con lo del vampiro del Bronx. Pero nada más. *Está en* un grado de *descuido* que *da pena*.

-¿Cómo lo sabes?

-¡Anda!, porque bajo muchas veces a pasear por ahí.   15

-¿No te da miedo?

-¡Qué me va a dar miedo! Es uno de los sitios más seguros de todo Manhattan. ¿No ves que está desierto? Ni los *atracadores* ni los vampiros son tontos, ya lo sabrás por las *películas*. ¿Para qué van a perder el tiem-   20 po escondiéndose *al acecho de* su *presa* en un sitio por

---

el muelle, pieza de metal, por ejemplo en una butaca, que al sentarse hace que baje el asiento.

barrer, limpiar el suelo.

¡ni fu ni fa!, familiar, aquí: ni bonito ni feo.

dónde va a parar, no se puede comparar.

encantar, gustar mucho.

Menudos edificios hay... Qué edificios tan importantes hay...

estar en descuido, aquí: estar poco cuidado, muy desordenado.

da pena, pone triste cuando se ve.

el atracador, persona que ataca a otra para robar.

película, film.

al acecho de, observando atentamente.

presa, aquí: persona a la que el atracador quiere robar.

donde *saben de sobra* que ya nunca pasa nadie?

-¿Pero al vampiro del Bronx lo han cogido?

-No. Creo que anda suelto todavía. Debe ser *más listo que el hambre*, hija.

5 A la señora Allen, cuando notaba que su madre y su hija estaban hablando del vampiro del Bronx, *se la llevaban los demonios*.

-Madre, no le cuente usted a Sara historias de miedo, que luego no se duerme -decía.

10 -¿Y para qué se va a dormir? ¿Habráse visto mayor pérdida de tiempo...? A ver, ¿qué periódicos son esos que sacas con la basura?

-Pues eso, usted lo ha dicho, madre. Son basura. Periódicos *atrasados*. De crímenes y tonterías así.

15 -Un crimen no es ninguna tontería, hija. Déjamelos ver antes de tirarlos, *no vaya a ser que* venga algo que me interese recortar.

A la abuela le *fastidiaba* aquella conversación.

-No seas pesada, Vivian, vamos a dejar eso. ¡Y no me 20 llames de usted! ¡Mira que *te lo tengo dicho* veces!

-¡Ya lo he intentado, pero no me acostumbro. Me sale el usted. Papá, que en paz descanse, decía que tratar a los padres de tú era una *falta de respeto*.

-¡Pero si tú a mí no me tienes ningún respeto, aun-25 que me trates de usted! Ni quiero que me lo tengas, por supuesto.

---

saber de sobra, saber muy bien.

más listo que el hambre, muy listo o astuto.

se la llevaban los demonios, se enfadaba muchísimo.

atrasado, aquí: de días anteriores.

no vaya a ser que..., para evitar que...

fastidiar, molestar.

Te lo tengo dicho. familiar: Ya te lo he dicho muchas veces.

falta de respeto, cuando se trata a alguien sin la debida consideración.

Un sábado de principios de diciembre, por la tarde, cuando Sara y su madre llegaron, como de costumbre, a casa de la abuela, nadie contestó al *timbre*.

-Está perdiendo oído *por momentos* -dijo la señora Allen. ₅

-A lo mejor es que ha salido a dar una vuelta -dijo Sara-. Además hoy hemos llegado antes.

-¿Adónde va a ir con el frío que hace? Sujétame el paraguas, anda, que voy buscar mi *juego de llaves*.

La señora Allen se preocupó mucho. Últimamente a ₁₀ su madre *le había dado por beber más de la cuenta*. Pero eso no se lo dijo a Sara. Pensó que le sería fácil encontrarla por alguno de los bares de la zona, donde la conocían. Al fin y al cabo, tenía que bajar a unos *recados*. Ni siquiera se quitó el abrigo. ₁₅

-Mira -le dijo a Sara-, tú te quedas aquí. Y si llega la abuela antes que yo, le preparas el té y le partes un buen trozo de tarta. No te dará miedo quedarte un rato sola.

-A mí, ninguno -dijo la niña.

-Entonces, hasta ahora. Espero no *entretenerme* ₂₀ mucho. Y si llaman al teléfono, lo coges.

juego de llaves

el timbre, aparato eléctrico para llamar a una puerta.
por momentos, aquí: cada día más.
le había dado por beber, tenía la costumbre (nueva) de beber.
más de la cuenta, más de lo normal.
recado, aquí: compra.
entretenerse, aquí: necesitar tiempo.

-Pues claro, mamá.

Pero, cuando desapareció su madre, Sara se puso a *dar saltos* por la habitación diciendo ”¡Miranfú!” *a todo pasto*, porque era la primera vez que se quedaba sola en
5 la casa de Morningside y le hacía una ilusión enorme. Era maravilloso -¡miranfú!- imaginarse que la casa era suya y que ella se llamaba Gloria Star.

Había puesto un *disco* en el 'pick-up'. Le dio a *la tecla* de la marcha y luego a la de subir *el volumen*. El disco
10 empezó a *girar*.

disco

Era la canción italiana que estaba oyendo la abuela delante del tocador, la tarde en que ella la había visto vestida de verde. Nunca había vuelto a oír esa canción, pero la reconoció enseguida:
15
Parlami d'amore,

Mariú,

tutta la mia vita

sei tu...

Salió al pasillo y abrió la puerta del dormitorio de la
20 abuela. Estaba a oscuras. Se detuvo en *el umbral*, bus-

dar saltos, saltar (levantando y bajando los pies).
a todo pasto, familiar: sin parar.
tecla, pieza (del pick-up) para comenzar o terminar un disco.
el volumen, aquí: potencia, fuerza.
girar, dar vueltas.
el umbral, la puerta.

50

cando *a tientas el interruptor de la luz*, y por unos instantes tuvo miedo.

Aunque sus temores *se habían desvanecido* al dar la luz, la verdad es que el dormitorio *estaba hecho una catástrofe*. Presentaba un aspecto que *dificultaba* seguir jugando a ser Gloria Star en sus tiempos de *esplendor declinante*. Olía a colillas, a cerrado, a *sudor*, a perfume barato.

Sara se puso a recoger con cuidado todos aquellos papeles, separando las cartas de los recortes de periódico y *agrupando* las fotografías por tamaños en montones distintos. Una de las más grandes representaba a un hombre un poco mayor pero bastante guapo, con *bigote poblado* y pelo negro con algunas *canas*, *peinado a raya*. *Se apoyaba* contra una *estantería* llena de libros, tenía un *pitillo* encendido entre los dedos y sonreía a la cámara. Sara miró mucho rato aquella fotografía y luego le dio la vuelta. Por detrás llevaba una *dedicatoria*, con letra

a tientas, en la oscuridad, solamente con las manos.
el interruptor de la luz, sirve para encender o apagar la luz.
desvanecerse, desaparecer.
estaba hecho una catástrofe, estaba totalmente desordenado.
dificultar, hacer difícil.
el esplendor, aquí: la fama.
declinante, que pierde poco a poco su valor.
el sudor, líquido que sale a través de la piel cuando hace mucho calor.
agrupar, juntar.
el bigote, ver ilustración en pág. 21.
poblado, aquí: abundante.
cana, pelo blanco.
peinado a raya, con el pelo separado por una línea.
apoyarse contra/en, sujetarse.
estantería, mueble que sirve generalmente para poner los libros.
pitillo, ver ilustración en pág. 14.
dedicatoria, palabras escritas (en un libro, en una foto...) para otra persona.

grande y clara, que decía: "Tú eres mi gloria, A.".

El disco se había terminado. Sara se dirigió al cuarto de estar con todos aquellos papeles. No sabía bien por qué, pero no le gustaba que los viera su madre
5 cuando llegara y se pusiera a *hacer limpieza*. Capaz de tirarlos a la basura como los periódicos. Y además, que no. Eran secretos de la abuela.

Se dirigió hacia el mueblecito de tapa *ondulada*, que solía estar siempre cerrado. Pero ella sabía dónde guardaba la llave la abuela: dentro de un *florero* de *china* que
10 representaba una cesta.

Se subió a un taburete para alcanzar la estantería donde estaba siempre, lo *agitó* y comprendió por el ruido que tenía la llave dentro. Pero en ese momento lla-
15 maron al teléfono y *se llevó tal susto* que el florero *se le escurrió de las manos* y ella dio con sus huesos en el suelo. El corazón le *latía a toda prisa* cuando llegó a coger el teléfono.

Era la abuela. Se le notaba una voz muy alegre.
20 Había bajado a dar un paseo por Morningside y luego se había metido un ratito en un bingo de barrio. Había ganado ciento cincuenta dólares. Por cierto, ¿habían leído la nota que les dejó? La había puesto encima del

---

hacer limpieza, limpiar.
ondulada, con ondas o curvas.
florero, vasija donde se ponen las flores. Ver ilustración en pág. 46.
china, aquí: porcelana. Ver ilustración en pág. 46.
agitar, mover.
llevarse un susto, sentir temor de repente.
se le escurrió de las manos, se le escapó de las manos y se le cayó.
latir, realizar el corazón sus movimientos propios.
a toda prisa, con mucha velocidad.

52

piano. Sara le dijo que no, y que su madre se había ido a la calle un poco preocupada.

-¡*Dichosa* Vivian! -dijo la abuela-. Enseguida subo, estoy en el bar de abajo tomándome una *copita* de licor. Bueno, a tu madre no se te ocurra decirle lo del bingo... 5 Ya, ya sé que tú sabes guardar bien los secretos... Hasta ahora... Por cierto, quería pedirte un favor, ahora que me acuerdo...

-Dime, abuela.

-Ya que estás tú sola ahí... He dejado el dormitorio 10 muy *revuelto*. ¿Me quieres recoger unos papeles que tengo por encima de la cama y metérmelos en *el secreter*? La llave ya sabes dónde la guardo.

-Sí, abuela, en el florero de china.

Cuando colgó el teléfono, estaba muy *excitada*. Lo 15 primero que hizo fue volver a poner el disco. Aquella canción la encantaba, aunque no entendía la letra. Pero decía "Mariú", que debía ser una especie de "miranfú" en italiano. Luego fue a recoger el florero, temiéndose lo peor. *Afortunadamente* -¡miranfú!- había 20

dichosa, aquí: molesta, pesada.
revuelto, desordenado.
el secreter, ver ilustración en pág. 46.
excitada, nerviosa.
afortunadamente, por suerte.

53

caído encima de la butaca y no se había roto.

Miró otra vez el retrato de Aurelio Roncali y le dio un beso.

-Gracias -dijo bajito.

5   Y *se le saltaron las lágrimas*. Pero no como el día en que se enteró de que se había ido. En los seis años que habían pasado desde aquel día, había entendido que se puede llorar de tres maneras distintas: de rabia, de pena y de emoción. Éste era un *llanto* de emoción. Bueno,
10 entre de emoción y de alegría. Una cosa un poco rara. Miranfú.

Luego, antes de bajar nuevamente la tapa del mueble, tuvo curiosidad por tirar de un cajoncito que había a la derecha y estaba *entreabierto*. Reconoció la letra de
15 su madre:

VERDADERA RECETA DE LA TARTA DE FRESA,
TAL COMO ME LA ENSEÑÓ EN LA INFANCIA
REBECA LITTLE, MI MADRE.

No pudo menos de echarse a reír. Ahora resultaba que,
20 después de tantas historias con la tarta de fresa, la abuela también la sabía hacer.

La abuela volvió de muy buen humor. En cuanto oyó la llave de la cerradura, Sara salió corriendo a recibirla. No tenía la menor idea de si había pasado poco
25 tiempo o mucho desde que se fue su madre.

Acababa la abuela de tirar por el aire el dinero que venía de ganar en el bingo, y estaba su nieta recogién-

---

Se le saltaron las lágrimas. Comenzó de repente a llorar.
llanto, acción de llorar.
entreabierto, un poco abierto.
no poder menos de, tener que.
echarse a reír, comenzar a reír.

54

dolo del suelo, las dos *muertas de risa*, cuando sonó el teléfono y la abuela fue a atenderlo.

-Diga... Ah, hola, Vivian... Sí, claro, ya estoy aquí, ¿o es que no me oyes? Pues no, siento *darte ese disgusto*, pero no me ha *raptado* el vampiro del Bronx.

Sara había acabado de recoger los billetes y se había sentado en la butaca de la abuela. Miraba pensativa y sonriente el parque abandonado de Morningside, sobre el cual *se alargaban* unas nubes *color violeta* que iban perdiendo poco a poco su *resplandor*.

-Os había dejado una nota encima del piano -estaba diciendo la abuela-. Además llevo aquí ya más de diez minutos.

Sara la miró. Y ella le devolvió la mirada y *le guiñó un ojo* sonriendo. A Sara *le hacía mucha gracia* que la abuela se defendiera de los sermones de su propia hija con aquellas mentiras de niña chica.

-Que sí, Vivian... ¿Cómo que no puede ser? ¿Que hace diez minutos estabas tú aquí todavía...? Hija, pareces un detective, será algún minuto menos, *qué más da*. O nos habremos cruzado en los ascensores... Sí, la niña está bien. Ahora sí, ahora nos vamos a tomar la tarta... De acuerdo, hasta luego, tarda *lo que te dé la gana*.

---

muertas de risa, riéndose mucho (la niña y la abuela).
dar un disgusto a alguien, poner triste a alguien haciendo o contando algo desagradable.
raptar, secuestrar.
alargarse, aquí: extenderse.
el color violeta, color morado.
el resplandor, brillo.
guiñar un ojo, cerrar solamente un ojo (para hacer un gesto a alguien).
hacer mucha gracia, divertir mucho.
qué más da, no tiene importancia.
lo que te dé la gana, lo que tú quieras.

-Venga, hija, vamos a *merendar*. Tu madre dice que el supermercado está muy lleno y que va a tardar como media hora. ¡*Qué respiro!*

Aquella media hora, en cambio, *se le hizo* increíble-
5 mente *corta* a Sara. La abuela, muy *animosa*, se ofreció a preparar ella la merienda y empezó a recoger cacharros sucios de la cocina, a *hervir* agua para el té y a *poner la mesa* canturreando.

-¿Quieres que te ayude, abuela?

10 -No, nada de ayudas, tú siéntate. Voy a sacar un *mantel* bonito. *Un día es un día.*

A Sara se le *contagiaba* la alegría de su abuela. Y sobre todo estaba *asombrada* de su *eficacia* y de su actividad. El mantel era de flores *bordadas*. La abuela puso
15 un hule debajo.

-Yo creí que tú no sabías hacer las *tareas de la casa* - dijo la niña.

-¡*Anda, que no!* Si eso es lo más fácil que hay. Lo que pasa es que es aburrido cuando no hay un motivo para
20 hacerlo. Ya verás qué buena nos sabe hoy la tarta.

---

merendar, comer y beber algo a media tarde.
¡*Qué respiro!* aquí: ¡Qué tranquilidad!
se le hizo corta, para ella duró poco tiempo.
animosa, decidida.
hervir, cocer (el agua).
poner la mesa, preparar la mesa para comer.
el mantel, tela que se pone sobre la mesa durante la comida.
Un día es un día. Es sólo una vez.
contagiar, aquí: conseguir que otra persona se alegre también.
asombrada, admirada.
eficacia, capacidad de hacer lo que se desea.
bordar, adornar un tejido (con flores, dibujos... hechos con hilo).
las tareas de la casa, los trabajos normales en una casa.
¡*Anda, que no!* ¡Claro que sí!

Sara le preguntó que si ella también sabía hacer la tarta.

-Sí, pero se me ha olvidado. A mí ya me aburre la cocina. Pero la receta la tengo guardada no sé dónde. Tu madre me la trajo, como si fuera un testamento. Dice que tiene miedo de que se la roben las vecinas. ¡Dichosa tarta de fresa! *A mí ya me harta*, puede que esta tarde sea la primera vez que la pruebo desde hace mucho.

-¿Qué celebramos hoy, abuela?

-No sé, cualquier cosa. Tu cumpleaños. ¿No es tu cumpleaños dentro de unos día?

-Sí. El viernes que viene. Creí que no te acordabas. Pero me gusta mucho que te acuerdes. Cumplo diez.

La abuela fue al cuarto de estar y trajo los billetes que había ganado al bingo. Los repartió en dos montones iguales.

-Toma -dijo-. La mitad para ti y la mitad para mí. Es mi regalo de cumpleaños.

-Pero es muchísimo. Yo nunca he tenido tanto dinero, abuela.

-Pues lo guardas sin decírselo a nadie. En algún momento te puede *hacer falta*. Pero eso sí, procura gastártelo cuanto antes. Mira, *no vaya a ser que* llegue tu madre. Vete a mi dormitorio. Abres el armario y, en uno de los cajones de la derecha, el de más arriba, hay algunas *bolsitas* de cuando yo salía por la noche. Elige la que más te guste, para meter tu primer dinero. Así queda el regalo más completo.

A mí me harta. No me gusta porque la he comido muchas veces.
hacer falta, ser necesario.
no vaya a ser que..., para evitar el peligro de que...
bolsita (*bolsa*), ver ilustración en pág. 58.

Aquella tarde le gustó a Sara más que nunca la tarta de fresa. Le parecía que la estaba probando por primera vez.

-Es que no hay nada como una buena conversación y no tener prisa *para que sepan ricas* las cosas -dijo la abuela.

Luego se fueron al cuarto de estar a esperar a la señora Allen. Sara apretaba contra su pecho, por debajo de *la camiseta*, una *bolsita de raso* azul, bordada de *lentejuelas*, donde había metido los setenta y cinco dólares.

bolsita de
raso con
lentejuelas

-Dinero llama a dinero -dijo la abuela-. A ver si me *aparece* un novio rico. Búscamelo tú. ¿Te parezco muy vieja? ¿O crees que todavía puedo *sacar algún novio*?

La niña, que, al ir a buscar la bolsita, había visto colgado en el armario el vestido verde, le contestó:

-No me pareces vieja. Eres muy guapa. Sobre todo, si te vistes de verde.

Acabaron hablando de *la soledad* y de la Libertad. La abuela le estuvo contando a Sara que la estatua de la

para que sepa rico, para poder comer una cosa con gusto.
camiseta, ropa interior que se lleva debajo de la blusa o la camisa.
aparecer, aquí: encontrar.
sacar un novio, encontrar un novio.
la soledad, falta de compañía.

58

Libertad la habían traído a Nueva York desde Francia hacía cien años. Y que el *escultor* que la hizo, un artista *alsaciano*, había sacado *la mascarilla* para la diosa sobre la cara de su madre, una mujer muy guapa. Le dio un librito donde venía todo muy bien explicado para que lo leyera en casa, porque ya se oían los pasos de la señora Allen.

-Hija, *no nos ha dado tiempo a nada* -dijo la abuela.

Fue media hora que *se pasó en un vuelo*. Como el tiempo de los sueños. Miranfú.

CINCO

Fiesta de cumpleaños en el chino.
La muerte de tío Josef

El día de su cumpleaños Sara *estrenó* un *conjunto* de *falda plisada y jersey en punto* rojo que le había regalado su madre. El señor Allen había decidido que fueran a comer a un restaurante chino para celebrarlo. Los Taylor estaban invitados.

---

el escultor, artista que hace figuras (de madera, de metal...). Ver nota en el capítulo 10: "madame Bartholdi".
alsaciano, de Alsacia, región de Francia.
mascarilla, aquí: capa de escayola que el escultor pone sobre la cara de una persona para hacer después una reproducción exacta.
No nos ha dado tiempo a nada. No hemos tenido tiempo.
Se pasó en un vuelo. Sucedió muy rápidamente.
estrenar, aquí: ponerse una pieza de ropa por primera vez.
conjunto, aquí: falda y jersey.
falda plisada, falda no lisa, sino con pequeños pliegues.
el jersey en/de punto, jersey de lana.

-¿Sabes? Viene también Rod -dijo la señora Allen, sonriendo a Sara cuando estaban llegando a la fontanería para recoger a su padre. Y luego, al final, hay otra sorpresa. Verás *qué bien lo pasamos*.

5 Pero no lo pasaron bien, por lo menos Sara.

Juntaron dos mesas, pusieron un *centro de flores* de papel y a Sara la sentaron al lado de Rod que, de tan *concentrado* como estaba *comiendo a dos carrillos*, no tenía tiempo para hablar ni ganas de hacerlo. Se limi-
10 taba a decir que sí con la cabeza y a *emitir* una especie de *gruñido* de satisfacción con la boca llena, cada vez que su madre le preguntaba si le gustaba aquello o quería probar de lo de más allá. Habían llenado la mesa de tantas fuentes con *guisos* distintos, que casi era imposi-
15 ble hacer un gesto con el brazo sin tirar un vaso o *pringarse* de grasa *la bocamanga*. La conversación de las personas mayores *versaba* principalmente *sobre* la comparación de unos *manjares* con otros, y también sobre los comentarios admirativos que *suscitaba* el señor Taylor,
20 por ser el único de todos ellos capaz de *manejar con des-*

pasarlo bien, divertirse.
concentrado, que no piensa en lo que le rodea.
comer a dos carrillos, llenarse la boca de comida.
emitir un gruñido, hacer con la boca ruidos incomprensibles.
guiso, comida preparada con carne, verduras, salsa...
pringarse, familiar: mancharse.
bocamanga, extremo de la chaqueta o camisa, junto a las manos.
versar sobre, tratarse de.
el manjar, comida especialmente buena.
suscitar comentarios, llamar la atención de forma que otras personas hablen de ello.
manejar con destreza, usar con habilidad.

vela

centro
de flores

tarta

treza los *palillos chinos*, sin necesidad de acudir a la cuchara o al tenedor. De vez en cuando el señor Li-Fu-Chin se acercaba muy *risueño* a la mesa para preguntarles que si les estaba gustando.

5   -Ya lo creo, un banquete, amigo, un verdadero banquete -contestaba satisfecho el señor Allen-. Traiga un poco más de *arroz tres delicias*, y otra de *cerdo* en salsa *agridulce*.

-Va a sobrar, Samuel -le advertía la señora Allen en
10 voz baja.

-¡Que sobre, *qué demonios*! ¡Un día es un día! ¿Verdad, Sarita?

-Pero la reina de la fiesta comer poquito, como un pájaro -decía el señor Li-Fu-Chin-. ¿Es que no te gusta,
15 guapa?

-Sí, señor, muchas gracias. Está todo muy bueno.

No hacía más que acordarse de la abuela.

La verdad es que comer siempre le había parecido bastante aburrido, y hablar de lo que se estaba comien-

palillos
chinos

risueño, sonriente.

el arroz tres delicias, comida china con tres sabores distintos.

cerdo, animal cuya carne (por ejemplo el jamón) y grasa se come.

agridulce, con dos sabores: dulce y agrio.

¡Qué demonios! aquí: No tiene ninguna importancia.

No hacía más que acordarse... Todo el tiempo se acordaba...

62

do o de lo que se iba a comer, más todavía. Pero, al fin y al cabo, aquella reunión se estaba celebrando como *homenaje* a su cumpleaños, sus padres parecían *disfrutar* y estar de buen humor y ella estrenaba un vestido bastante bonito. 5

De *postre* trajeron unos *pastelitos* como de *barquillo* duro, con sorpresa dentro. *Crujían* al partirlos por la mitad y salían unos papeles pequeños y alargados como *serpentinas* de colores diferentes. Cada uno llevaba escrito un *mensaje*. Se los leían unos a otros con mucho 10 *alborozo*, preguntando luego: "A ver qué dice el tuyo", y se reían cuando les parecía *apropiada* la frase.

El papelito de Sara era de *color malva*. Se *puso muy colorada* y se lo guardó enseguida sin querérselo leer a nadie. Ponía: "Mejor se está solo que mal acompaña- 15 do". Le pareció que iban a creer que lo había inventado ella. Y *le remordía la conciencia* de estar pensando precisamente eso que había leído. ¿Quién habría sido *el*

---

el homenaje, fiesta dedicada especialmente a una persona.
disfrutar, estar satisfecho, contento.
el postre, alimento, generalmente dulce, que se toma al final de una comida.
el pastelito (*el pastel*), postre de harina, crema, dulce...
barquillo, *postre* de harina sin levadura y azúcar o miel. (Son muy conocidos los *barquillos* que se venden en las calles de Madrid, especialmente durante las fiestas del patrono de la ciudad, san Isidro, en el mes de mayo.)
crujir, hacer un ruido especial cuando se parte.
serpentina, papel enrollado que se tiran unas personas a otras, por ejemplo en Carnaval.
el mensaje, noticia, información.
alborozo, gran alegría.
apropiada, adecuada, conveniente.
el color malva, color morado o violeta.
ponerse colorada, ponerse roja la cara (generalmente de vergüenza).
Le remordía la conciencia. Estaba insatisfecha consigo misma.

63

duende capaz de adivinarle el pensamiento?

La señora Allen, que no la perdía de vista, le dio un codazo a la señora Taylor.

-¿Ves? -le *susurró* en voz baja-. Ésa es la cara que te
5 digo que pone muchas veces sin saber por qué. A mí me asusta. ¿En qué estará pensando?

La señora Taylor, sonriendo, le dio un golpecito amistoso en el brazo, como si quisiera consolarla.

-Todos hemos pasado por esa edad. Es la edad de la
10 fantasía -dijo *magnánima*-. Pero está poniéndose guapísima.

-Sí, ya ves, eso también me preocupa. Porque tal como está la vida hoy...

-Por favor, Vivian, te preocupa todo. *Relájate*, mujer,
15 y disfruta.

-Tienes razón, Lynda... Pero es que no sé, cuando estoy a gusto, siempre me parece que va a pasar algo malo.

-Calla, mujer, no seas *agorera*...

20 Cuando ya parecía que se había acabado todo, vino de la cocina el señor Li-Fu-Chin, trayendo una *tarta con* diez *velitas* encendidas.

El señor Allen, que estaba muy contento, se levantó y empezó a cantar *a voz en cuello* 'Happy birthday to
25 you', *coreado* inmediatamente no sólo por los comensa-

el duende, personaje fantástico de los cuentos que ayuda o hace cosas maravillosas.
susurrar, decir una cosa en voz baja.
magnánima, aquí: comprensiva.
relajarse, tranquilizarse, descansar.
agorera, que anuncia o prevé desgracias en el futuro.
tarta con velas, ver ilustración en pág. 61.
a voz en cuello, gritando mucho.
corear, cantar juntos.

les de su mesa, *incluido* Rod, sino por otras personas desconocidas que estaban repartidas por otras mesas del restaurante. El señor Allen las *animaba* risueño a que se unieran al coro, haciendo gestos *ampulosos* con las manos, como si fuera un director de orquesta. Sara bajó los ojos. *Le daba una vergüenza* horrible.

-¡Anda, hija, no seas *sosa*! ¿En qué estás pensando? ¡Sopla las velas! -dijo la señora Allen con un acento de *reproche*-. ¿No te hace ilusión? Pero tienes que pedir algo.

Sara se concentró. "Que vuelva a ver a la abuela vestida de verde", dijo para sí misma, clavándose las *uñas* en la *palma de la mano*.

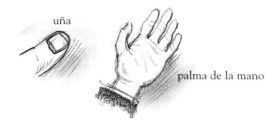

Luego sopló las velas lo más fuerte que pudo, casi con rabia, como si quisiera acabar con aquella *ceremonia lo más pronto posible*. Se apagaron las diez al mismo

incluido, también.
animar, aquí: solicitar colaboración.
ampuloso, sin naturalidad, afectado.
Le daba vergüenza. aquí: No le gustaba nada (lo que hacían las otras personas).
sosa, aquí: tímida.
el reproche, crítica, recriminación.
ceremonia, aquí: parte de una fiesta.
lo más pronto posible, enseguida, sin tardar.

tiempo. Oyó *aplausos* a su alrededor.

-Buena suerte. Eso quiere decir buena suerte -afirmó la señora Taylor-. No te habrás olvidado de *formular* un deseo, ¿verdad?

5   -No -dijo Sara.

-Y es secreto, ¿a que sí?

-Sí -dijo Sara.

El señor Li-Fu-Chin le entregó un cuchillo y los aplausos se *redoblaron*.

10   -Tú partir tarta. Yo ayudar.

-¡Qué buena cara tiene esa tarta! -comentó el señor Taylor.

Y la señora Allen sonrió *complacida*.

-Es la ventaja de venir a un restaurante de amigos. 15 En otro sitio no nos hubieran consentido esto -dijo.

El señor Li-Fu-Chin guiñó un ojo a la señora Allen. Los Taylor los miraban sin comprender.

-Es que la tarta la ha hecho Vivian anoche -aclaró el señor Allen-. Tarta de fresa. Es su *especialidad*, ¿verdad, 20 mujercita? Puede *competir* con las de El Dulce Lobo.

Ella hizo un gesto de falsa *modestia*, como queriendo quitarle importancia al comentario de su marido. El Dulce Lobo era la *pastelería* más famosa de todo Manhattan. Hacían setenta y cinco clases de tartas diferen-

---

aplauso, señal de aprobación o alegría chocando las dos manos.
formular, expresar.
redoblar, aquí: aumentar.
complacida, satisfecha.
la especialidad, lo que mejor se sabe hacer.
competir, demostrar que se sabe hacer una cosa tan bien o mejor que otra persona.
modestia, falta de vanidad.
pastelería, tienda donde se venden toda clase de dulces.

tes. Estaba cerca de Central Park, y tenía además dos salones de té, donde nunca se encontraba un sitio libre para merendar, aunque eran muy grandes.

-No exageres, hombre -dijo la señora Allen-. Además, que la prueben primero. Creo que me ha salido bastante buena. Pero son ellos los que tienen que juzgar. 5

-Ya *quisiera* El Dulce Lobo -comentó Philip Taylor-. Y si no, aunque sólo sea por una *apuesta*, reservamos allí mesa para un fin de semana, pedimos la tarta de fresa y la comparamos con la de Vivian. ¿A que es una buena idea? 10

-Pues por mí, eso está hecho -dijo el señor Allen.

Y Sara notó que por primera vez *se enorgullecía*, ante sus vecinos, de la tarta de fresa. 15

-Y como sea peor -siguió el señor Taylor-, llamamos al dueño y le decimos: "¿Y a usted le llaman el Rey de las Tartas? ¡*Vamos, hombre*! La Reina está aquí, aquí tiene usted a la verdadera Reina de las Tartas". Y se tendrá que callar, por muy Dulce Lobo que sea. 20

Todos se reían mucho, y la señora Allen miraba *arrobada* al señor Taylor.

La comida terminó, pues, como era de esperar, *cantando las alabanzas* de la tarta de fresa.

Ya quisiera... No se puede comparar..., Es mucho mejor que...
apuesta, cuando dos personas que tienen opiniones distintas deciden dar algún premio a quien al final tiene razón.
enorgullecerse, sentirse orgulloso, satisfecho.
¡*Vamos, hombre*! aquí: De ninguna manera.
arrobada, satisfecha, orgullosa consigo misma.
cantar las alabanzas, alabar, decir abiertamente que algo o alguien es especialmente bueno.

Aquella noche la volvió a hacer, aunque decía que estaba cansada, porque al día siguiente era sábado y tenían que ir, como siempre, a casa de la abuela.

Cuando la señora Allen estaba sacando del horno la
5   tarta de fresa, y Sara ya se había metido en su cuarto a leer el librito que le había regalado la abuela sobre la estatua de la Libertad, llamaron al teléfono y el señor Allen fue al 'living' a cogerlo. La señora Allen aguzó el oído. "¡No puede ser!, ¡no puede ser!", exclamaba el
10   señor Allen.

Sara salió de su cuarto y *se tropezó con* su madre en el pasillo.

-¿Qué pasa? -preguntó la niña.

-No lo sé, hija. Voy a ver. Parece alguna noticia
15   mala.

Sara se volvió a meter en su cuarto pero dejó la puerta abierta. Sus padres avanzaban por el pasillo abrazados y llorando. Ella los siguió a la cocina. Su madre decía entre hipos:

20   -La dicha, Samuel, hay que pagarla con llanto. Se lo estaba yo diciendo a Lynda precisamente hoy a la hora de comer. Y ella, que soy una agorera. Sí, sí, agorera... ¡Pobre Josef!

Después de un rato, se enteró Sara de que un herma-
25   no de su padre, que ella no conocía, el tío Josef, había tenido un accidente de automóvil cerca de Chicago, donde vivía, y había muerto en el acto.

Luego, mientras la señora Allen le hacía una *tila* a su marido, se pusieron a discutir los detalles del viaje a
30   Chicago.

tropezarse con, chocar con.
tila, infusión de flores del tilo que se toma para tranquilizarse.

-Me parece un *disparate* que tú vengas también, Vivian. Es el doble de gasto. Y además él y tú os habíais visto poco -le decía mientras *sacaba cuentas* con una *calculadora de bolsillo*.

Pero no logró *disuadirla*. En un *trance* como aquél, ¿cómo iba a dejarle solo?

-Pobre Sara -dijo el padre en un determinado momento, mirándola-. ¡*Vaya un final* de cumpleaños!

Pero, *aparte de* este comentario, no volvieron a hablar con ella ni a consultarle nada. Así que se fue otra vez a su cuarto y siguió leyendo. El libro que le había regalado la abuela la estaba *apasionando*. Tenía las tapas azules y un *grabado* grande con el rostro de la estatua en aumento. Se *titulaba*: "Construir la Libertad".

Sara *se había tumbado* vestida en la cama. La idea de construir la estatua de la Libertad había nacido en Francia. Se la encargaron a un escultor alsaciano llamado Fréderic Auguste Bartholdi, que empezó a trabajar en 1874, usando a su madre como modelo.

Se había quedado medio dormida leyendo eso, y la entrada de sus padres la *sobresaltó*. Los acompañaba Lynda Taylor. Al principio no entendía nada. Escondió

---

el disparate, tontería.

sacar cuentas, aquí: calcular cuánto cuesta una cosa.

calculadora de bolsillo, aparato pequeño para realizar operaciones matemáticas.

disuadir, hacer cambiar de opinión a alguien.

el trance, situación desagradable.

¡*Vaya un final...*! ¡Qué mal ha terminado...!

aparte de, con excepción de.

apasionar, interesar mucho.

grabado, aquí: pintura.

titularse, tener como título o nombre.

tumbarse, echarse (en la cama).

sobresaltar, asustar, causar miedo.

antorcha

pincho

corona

estatua de la Libertad

el libro, sin saber por qué.

Venían a *notificarle* que salían para Chicago al cabo de tres horas en un avión *nocturno*. Al día siguiente, sábado, sería el *entierro* del tío Josef. Y el domingo por la noche estarían de vuelta. Ella se quedaría en casa de los Taylor.

-Pero teníamos que llevarle la tarta a la abuela.

-¡De qué cosas te acuerdas, hija! -dijo el señor Allen-. Ahora la llamaremos.

-Anda, bonita, coge tu ropa y súbete conmigo -le dijo Lynda Taylor en tono *protector*.

-Aquí tienes las llaves de casa para cuando necesites bajar por algo -le advirtió la señora Allen-. Por favor, hija mía, acabas de cumplir diez años. Espero que *te portes bien*.

-Naturalmente que se portará bien -intervino Lynda con un acento *artificioso* y musical.

Sara no contestó nada.

Segunda parte

LA AVENTURA

A quien dices tu secreto, das tu libertad.
(Tragicomedia de Calisto y Melibea)

---

notificar, decir.
nocturno, por la noche.
entierro, cuando se pone a un muerto bajo tierra.
protector, como defendiendo o protegiendo.
portarse bien, no hacer nada malo o prohibido.
artificioso, no natural.

71

SEIS

Presentación de miss Lunatic.
Visita al *comisario* O'Connor

Cuando oscurecía y empezaban a encenderse los letreros luminosos en lo alto de los edificios, se veía pasear
5 por las calles y plazas de Manhattan a una mujer muy
vieja, vestida de *harapos* y cubierta con un sombrero de
grandes alas que le tapaba casi enteramente el rostro.
La *cabellera*, muy *abundante* y blanca como la nieve, le
colgaba por la espalda. Arrastraba un cochecito de
10 niño vacío. Era un modelo *antiquísimo*, de gran tamaño, ruedas muy altas y la *capota* bastante *deteriorada*. En
los *anticuarios* y *almonedas* de la calle 90, que solía *fre-*
cuentar, le habían ofrecido hasta quinientos dólares por
él, pero nunca quiso venderlo.
15   Sabía leer *el porvenir* en la palma de la mano, siempre llevaba en la *faltriquera frasquitos* con *ungüentos* que

comisario, jefe de policía. Ver ilustración en pág. 77.
los harapos, vestidos viejos y rotos.
cabellera abundante, mucho pelo.
antiquísimo (*antiguo*), aquí: muy viejo.
capota, tela que cubre el coche.
deteriorada, estropeada.
anticuario, persona que vende objetos antiguos.
almoneda, institución donde se venden a bajo precio objetos usados.
frecuentar, ir muchas veces a un lugar.
el porvenir, el futuro.
faltriquera, pequeño bolso que se lleva atado a la cintura (y normalmente oculto).
frasquito (*frasco*), ver ilustración en pág. 77.
ungüento, líquido que se pone en la piel para curar una herida.

72

servían para *aliviar* dolores diversos, y *merodeaba inde-fectiblemente* por los lugares donde estaban a punto de producirse *incendios*, suicidios, *derrumbamientos* de paredes, accidentes de coche o *peleas*. Era la famosa miss Lunatic. Por ese *apodo* se la conocía desde hacía 5 mucho tiempo, y sus *extravagancias* le habían hecho alcanzar una popularidad *rayana* en la *leyenda*.

No tenía *documentación* que *acreditase* su existencia real, ni tampoco familia ni *residencia* conocidas. Solía ir cantando canciones antiguas, con aire de *balada* o de 10 *nana* cuando iba *ensimismada*, *himnos* heroicos cuando necesitaba caminar aprisa. *Tan pronto* se detenía ante los escaparates lujosos de la Quinta Avenida *como* se entre-tenía revolviendo en los vertederos de basura de la *peri-*

---

aliviar, hacer que algo duela menos.

merodear, andar por los alrededores de un lugar y observar lo que ocurre allí.

indefectiblemente, sin falta.

incendio, fuego (en una casa...).

derrumbamiento, caída de una casa, de una pared...

pelea, lucha.

apodo, sobrenombre, nombre que se da a una persona y no es el auténtico.

extravagancia, actuación rara, no normal.

rayano en, cercano a.

leyenda, mito, narración de hechos imaginarios.

la documentación, documentos personales oficiales.

acreditar, demostrar.

residencia, lugar o ciudad donde se vive.

balada, canción de ritmo lento (y en general de tema amoroso).

nana, canción para dormir a los niños.

ensimismada, concentrada en lo que hace.

himno, canción en honor de un país o de hechos o personajes muy importantes.

tan pronto... como, aquí: unas veces..., otras veces...

feria con su *bastón* con *puño* dorado. Cuando encontraba algún mueble o *cachivache* en buen estado de conservación, lo cargaba en su cochecito y lo *transportaba* a alguna almoneda de aquellas donde la conocían. Y todo
5 lo que pedía a cambio era un plato de *sopa* caliente.

La gente la quería sobre todo porque no *caía* en ese defecto, tan corriente en los viejos, de *enrollarse* a hablar *sin ton ni son*, *venga o no venga a cuento* y aunque la persona que los está oyendo tenga prisa o se aburra.
10 Ella miraba mucho con quién estaba hablando.

Hablaba con los *vendedores ambulantes de bisutería* y de *perritos calientes*, africanos, indios, portorriqueños, árabes, chinos, con los porteros de los hoteles, con los *patinadores*, con los *borrachos*, con los *cocheros de caba-*
15 *llos* que tienen su parada en el *costado sur* de Central Park. Y ellos tenían alguna historia que contar, algún

---

periferia, las afueras de una ciudad.

el bastón, ver ilustración en pág. 77.

puño, aquí: parte del bastón con la que éste se puede sujetar. Ver ilustración en pág. 77.

el cachivache, objeto o mueble inútil.

transportar, llevar de un lugar a otro.

sopa, comida líquida (casi siempre con algo más: arroz, pan, pasta...).

caer en, aquí: tener (habitualmente).

enrollarse, familiar: hablar demasiado.

sin ton ni son, sin sentido.

venga o no venga a cuento, tanto si tiene relación con lo que se habla como si no es así.

el vendedor ambulante de bisutería, persona que vende en la calle joyas imitadas, no auténticas.

perrito (perro) caliente, pan con una salchicha dentro.

el patinador, persona que usa o que hace deporte con patines.

borracho, que ha tomado demasiada cantidad de bebidas alcohólicas.

cochero de caballos, conductor de un coche de caballos.

costado sur, aquí: límite sur de (una parte de) la ciudad.

paisaje de infancia que *revivir*, algún *conflicto* para el cual pedir consejo.

También se dedicaba a recoger gatos sin dueño y a tratar de establecer contacto con familias *acomodadas* para que los *adoptasen*. Nadie entendía cómo conseguía estos contactos, *con lo desconfiada que es la gente* en Nueva York, pero lo cierto es que no era raro encontrarla a la salida del Hotel Plaza o de alguna *joyería* de Lexington Avenue, hablando con gente lujosamente vestida.

Pero las zonas que frecuentaba de forma más *asidua* eran las habitadas por *gente marginal*, y su *vocación* preferida, la de tratar de inyectar fe a los desesperados, ayudarles a encontrar la raíz de su *malestar* y a *hacer las paces* con sus enemigos. Lograba pocos resultados, pero no *se desanimaba*.

Si le preguntaban que dónde vivía, contestaba que de día dentro de la estatua de la Libertad, en *estado de letargo*, y de noche, pues por allí, en el barrio donde estuviera cuando se lo estaban preguntando.

revivir, aquí: acordarse de.
conflicto, el problema, la dificultad.
acomodado, aquí: rico.
adoptar (*un gato*), cuidarse en la propia casa de un gato abandonado.
con lo desconfiada que es la gente, porque la mayoría de las personas son muy desconfiadas.
joyería, tienda donde se venden joyas (objetos de oro, plata, piedras preciosas...).
asidua, frecuente.
la gente marginal, personas no integradas en la sociedad.
la vocación, aquí: el interés personal.
el malestar, estado de disgusto.
hacer las paces, reconciliarse con alguien después de haber tenido una pelea o una discusión.
desanimarse, perder las ganas (de hacer algo).
estado de letargo, como en sueños y sin ninguna actividad.

Confesaba tener ciento setenta y cinco años y, *caso de no ser verdad*, habría que admirarla *cuando menos* por su conocimiento de la Historia Universal a partir de *la muerte de Napoleón*, y por *la familiaridad* con que habla-
5 ba de artistas y políticos del siglo XIX. Había gente que se reía de ella, pero en general *se le tenía respeto*, no sólo porque no hacía daño a nadie, era *discreta* y se explica-ba con gran propiedad -siempre con un *leve* acento francés-, sino porque, a pesar de sus ropas de *mendiga*,
10 conservaba en la forma de moverse y de caminar con la cabeza *erguida* un aire de *altivez* e independencia que cerraba el paso tanto al *menosprecio* como a la compa-sión.

Por otra parte, la Policía, que la había detenido
15 varias veces, nunca encontró pruebas para *inculparla* de nada.

Un *veterano* comisario del *distrito* de Harlem, *fascina-*

---

caso de no ser verdad, si no es verdad.
cuando menos, al menos.
la muerte de Napoleón, la autora alude aquí al año en que, según esta novela, nació madame Bartholdi, la musa del escultor que creó la estatua de la Libertad; se trata del año 1769, en que murió el emperador francés Napoleón Bonaparte.
la familiaridad, aquí: confianza.
Se le tenía respeto. La trataban (todos) con respeto.
discreta, aquí: que no cuenta lo que hacen o dicen otras personas.
leve, ligero.
mendiga, mujer pobre que pide limosna para vivir.
erguida, derecha, no encorvada.
la altivez, orgullo.
menosprecio, desprecio.
inculpar a alguien de, afirmar que alguien tiene la culpa (de algo).
veterano, antiguo y experimentado.
distrito, parte de una ciudad.
fascinado, admirado, asombrado.

pipa

el comisario

frasquito

ño

fanda

stón

carricoche

do por la valentía de miss Lunatic, sus *múltiples* contactos con gente del *hampa* y su talento para *testificar* en los casos difíciles, la mandó llamar una tarde de invierno para proponerle un trato. Se le *asignaría* una suma

múltiple, aquí: frecuente.
el hampa (f), personas que no viven de acuerdo con las leyes.
testificar, presentarse como testigo, dar testimonio.
asignar, dar, aquí: regalar.

bastante importante de dinero, si *se prestaba a colaborar* como *confidente* de la Policía. Ella *se indignó*. Informar a las autoridades de que había un fuego, se había caído *el alero* de un tejado o se necesitaba urgentemente una
5 ambulancia era algo muy diferente a convertirse en *acusica*. *Ni que estuviera loca*. Y en cuanto al dinero, muchas gracias, pero no la *tentaba*.

-¿Para qué necesito yo el dinero, mister O'Connor? -preguntó-. ¿Me lo quiere usted decir?

10 -Para asegurarse *la vejez* -dijo.

Miss Lunatic se echó a reír.

-Perdone, señor, pero llegué a Manhattan en 1885 -dijo-. ¿No le parece que he dado pruebas suficientes de saber asegurarme yo sola la vejez?

15 -¿En 1885? ¿El mismo año que trajeron aquí la estatua de la Libertad? -preguntó.

-Exactamente, señor.

-Solamente contésteme a una cosa-. He oído decir que no tiene usted *ingresos* conocidos. Y que tampoco
20 *pide limosna*.

- Es verdad. ¿Y qué?

---

prestarse a, estar dispuesto a.
colaborar, trabajar para alguien o junto con alguien.
el/la confidente, persona que da información (generalmente a la policía).
indignarse, enfadarse mucho.
alero, parte de un tejado que sobresale de la pared.
acusica, expresión negativa para designar a una persona que denuncia o acusa a otra sin motivo.
¡Ni que estuviera loca! No lo haría aunque estuviera loca.
tentar, llevar a alguien a hacer algo (prohibido).
la vejez, situación de una persona que tiene muchos años.
los ingresos, el dinero que se gana (trabajando).
pedir limosna, pedir dinero (normalmente en la calle).

-Tranquilícese, no se trata de una *investigación poli-cíaca*. Sólo pretendo ayudarla. ¿Es que no le interesa el dinero?

-No; porque se ha convertido en *meta* y nos impide disfrutar del camino por donde vamos andando. Ade- 5 más ni siquiera es bonito, como antes. Ahora el dinero son *viles papeluchos arrugados*. Yo, cuando tengo alguno, estoy deseando soltarlo.

-*Todo lo papeluchos que usted quiera* -interrumpió el comisario-, pero hacen falta para vivir. 10

-Eso suele decirse, sí. Para vivir... Pero, ¿a qué lla-man vivir? Para mí vivir es no tener prisa, contemplar las cosas, *prestar cuidado* a las *cuitas* ajenas, sentir curio-sidad y compasión, no decir mentiras, compartir con los vivos un vaso de vino o un trozo de pan, acordarse 15 con orgullo de la lección de los muertos, no permitir que nos *humillen* o nos engañen, no contestar que sí ni que no sin haber contado antes hasta cien como hacía el *Pato Donald*... He conocido a mucha gente a lo largo de mi vida, comisario, y créame, en nombre de ganar 20 dinero para vivir, se lo *toman tan en serio* que se olvidan de vivir. Precisamente ayer, paseando por Central Park

la investigación policíaca, trabajo de la policía para saber quién ha hecho algo prohibido.
meta, fin, lo que se quiere conseguir.
vil, malo, despreciable.
papelucho (*el papel*), despectivo: papel sin importancia.
arrugado, usado y no en buen estado.
Todo lo papeluchos que usted quiera. Aunque sean papeles usados y feos...
prestar cuidado, atender; aquí: escuchar con atención.
cuita, preocupación.
humillar, aquí: tratar mal.
el Pato Donald, la conocida figura de varias películas de Walt Disney ("Donald Duck").
tomar en serio una cosa, dar mucha importancia a algo.

más o menos a estas horas, me encontré con un hombre inmensamente rico que vive por allí cerca y *entablamos conversación*. Pues bueno, está desesperado y no sabe por qué. No le encuentra *aliciente* a la vida. Nos hicimos muy amigos. Dice que él no tiene ninguno. Bueno, uno, pero que se está hartando de él.

-¡Qué historia tan interesante! -dijo el señor O'Connor.

-Sí, es una pena que no tenga tiempo para contársela con *detalle*. Pero he quedado en ir dentro de un rato a su casa a leerle la mano. Aunque *no sé si servirá de mucho*, ya se lo advertí ayer, porque yo el porvenir no lo leo cerrado, sino abierto.

-¿Qué quiere decir eso?

-Que no doy soluciones, me limito a señalar caminos que se cruzan y a dejar a la gente en libertad para que elija el que quiera. Y mister Woolf está *ansioso de* soluciones. Edgar Woolf se llama. Gana el dinero *a espuertas*. Tiene un negocio muy *acreditado* de pastelería.

El comisario la miró con los ojos redondos por la sorpresa.

-¿Edgar Woolf? ¿El Rey de las Tartas? ¿Va a ir usted a casa de Edgar Woolf? Vive en uno de los apartamentos más lujosos de Manhattan, ¿lo sabía? Pero tiene fama de ser *inaccesible*.

entablar (*una*) *conversación*, comenzar una conversación.
el aliciente, el atractivo de una cosa o situación que nos mueve a hacer algo.
el detalle, parte (aquí: de un suceso).
No sé si servirá de mucho. Quizás no ayude (a solucionar el problema).
ansioso de, con grandes deseos de.
a espuertas, familiar: en gran cantidad.
acreditado, importante, famoso.
inaccesible, aquí: que no permite que otras personas se acerquen o hablen con él.

-Pues ya ve, será que *le he caído bien.*

-Así que usted no tiene dinero. Ni miedo... -dijo.

-Yo no. ¿Y usted?

El rostro del comisario *se ensombreció.*

-Yo, miedo, sí, muchas veces. Se lo confieso.

-Pues eso es mala cosa para su oficio. El miedo cría miedo, además. ¿Dónde lo siente? ¿En *la boca del estómago?*

El comisario se quedó dudando, y *se palpó* aquella zona, bajo *el chaleco.*

-Pues sí, más o menos.

-Ya. Es lo más corriente. Espere un momento, a ver.

Miss Lunatic, ante *el pasmo* del comisario O'Connor, se puso a *hurgar* en su faltriquera y sacó varios frasquitos que *alineó* sobre la mesa.

-¡Vaya por Dios! Lo siento. Tenía un *elixir* bastante bueno contra el miedo, pero se me ha gastado. Es el que más me piden.

Luego, mientras volvía a guardarse los frasquitos, añadió:

-Claro que hay otra forma de *espantar* el miedo, pero

Le he caído bien. Me encuentra simpática o interesante.
ensombrecerse, aquí: mostrar preocupación.
boca del estómago, parte central del estómago (donde se siente generalmente el dolor).
palpar, tocar con las manos.
chaleco, prenda de vestir, sin mangas, que se lleva entre la chaqueta y la camisa.
pasmo, admiración grande.
hurgar, buscar con las manos.
alinear, poner (los frasquitos) uno detrás de otro.
el elixir, líquido medicinal con propiedades curativas maravillosas.
espantar, aquí: vencer, superar.

no es propiamente una receta. Consiste en pensar: "A mí esto que me asusta no me va ni me viene", algo así como ver lejos lo que le está dando a uno miedo, para que *se desdibuje*.

5   -Eso no acabo de entenderlo.

-Casi nadie; por eso digo que da poco resultado *recetárselo* a otro. A lo mejor un día, de pronto, lo siente usted solo y lo entiende... En fin, ¿me da permiso para retirarme?

10   El comisario O'Connor *asintió*. Pero cuando la vio levantarse, agarrar su cochecito y dirigirse a la puerta, tuvo una sensación muy triste, como de miedo a estarse despidiendo de ella para siempre. Y la volvió a llamar. Ella se detuvo, interrogante.

15   -¿Quería usted decirme algo más?

-Sí. Que no me gustaría que *pasara usted hambre ni frío*.

-No se preocupe. No los paso.

-Me parece increíble, perdone que se lo diga. ¿Y
20   cómo hace?

Miss Lunatic se detuvo en le centro de la habitación. En medio de aquella *estancia* de paredes desnudas, una figura de *cera*.

---

desdibujarse, aquí: desaparecer, perder importancia.
recetar, decir (normalmente el médico) qué medicina se debe tomar contra una enfermedad o un dolor.
asentir, decir que se está de acuerdo.
pasar hambre/frío, tener (habitualmente) hambre/frío.
estancia, aquí: habitación.
cera, sustancia que segregan las abejas y que se utiliza, por ejemplo, para hacer velas.

-Echándole fuerza de voluntad, señor, para decirlo con palabras de El Caballero Inexistente.

-¿Otro amigo suyo? -preguntó el comisario.

-Pues sí. Aunque éste es un personaje inventado. ¿Le gustan las novelas?

-Mucho. Lo que pasa es que tengo poco tiempo de leer.

-Pues *cuando saque un ratito* le recomiendo "El caballero inexistente". No es muy larga. Acabo de verla traducida del italiano esta tarde, al pasar por el escaparate de Doubleday.

-¡Cuánto *trota* por Manhattan!

-Así es. Tiene usted razón... Y ahora siento dejarle. Pero he *quedado con* mister Woolf, y antes había pensado darme una vueltecita en coche de caballos por Central Park. Gratis, por supuesto. Me lo tiene prometido un cochero angoleño que *me debe algunos favores*. Convencí a una hija suya para que no *se suicidara*. Conque lo dicho. Adiós, comisario.

El comisario O'Connor se levantó para abrirle la puerta y le estrechó la mano *efusivamente*.

-Espero que volvamos a vernos -dijo.

-Ya lo creo. Dígamelo usted a mí -contestó ella sonriendo.

---

echar fuerza de voluntad, familiar: esforzarse para hacer o dejar de hacer una cosa.

Cuando saque un ratito..., Cuando tenga un poco de tiempo...

trotar, aquí: pasear mucho (de un lugar a otro).

quedar con alguien, ponerse de acuerdo con otra persona para verse en algún momento en un sitio determinado.

Me debe algunos favores. Le he ayudado en algunas ocasiones (y ahora él quiere corresponder y ayudarme a mí).

suicidarse, matarse voluntariamente.

efusivamente, con afecto o cariño.

-*Pues nada*, mujer, salud. Y abríguese, que se está poniendo el tiempo como para nevar.

Al salir, hacía un viento muy frío, que *alborotó* la larga *melena* blanca de miss Lunatic. *Apresuró el paso* hacia la calle 125. Había decidido coger allí el metro hasta Columbus Circle.

cabellera

melena

Mientras canturreaba un himno alsaciano, se puso a pensar en Edgar Woolf, el Rey de las Tartas.

Pues nada. aquí: De acuerdo.
alborotar, aquí: desordenar.
apresurar el paso, comenzar a caminar deprisa.

SIETE

La fortuna del Rey de las Tartas.
El paciente Greg Monroe

El rascacielos donde vivía Edgar Woolf era suyo todo
entero, *planta* por planta, ascensor por ascensor, ventana por ventana, pasillo por pasillo. O sea que las más 5
de tres mil personas que trabajaban del *sótano* al piso
cuarenta de aquel edificio eran empleados a las órdenes
del Rey de las Tartas.

Aquel negocio millonario, cada año más próspero y
famoso, había tenido su origen, *tiempo atrás*, en una 10
modesta pastelería de la calle 14, *regentada* primero por
el abuelo de Edgar Woolf y luego por su padre. En
honor al apellido de la familia se seguía titulando 'The
Sweet Woolf', o sea El Dulce Lobo.

Y años más tarde ya todo Manhattan sabía que, para 15
probar las tartas de El Dulce Lobo, había que reservar
mesa *con anticipación* en uno de los dos enormes salones
de té del *entresuelo*, o *hacer cola* en los *mostradores* de la

planta, aquí: piso o vivienda (en una casa).
sótano, piso subterráneo (donde, por ejemplo, está la central de la
calefacción o donde se guardan cosas que no se necesitan a diario).
tiempo atrás, hacía algún tiempo; anteriormente.
regentar, literario: dirigir.
con anticipación, antes de ir.
entresuelo, en algunas casas de España (más bien antiguas) piso situado
entre la planta baja y el primer piso (piso "principal"). Ver ilustración
en pág. 86.
hacer cola, esperar en fila (hasta que haya una mesa libre en "El Dulce
Lobo").
el mostrador, mesa alargada (de una cafetería etc.) donde se "muestran"
algunas de las cosas que allí se pueden tomar o comprar.

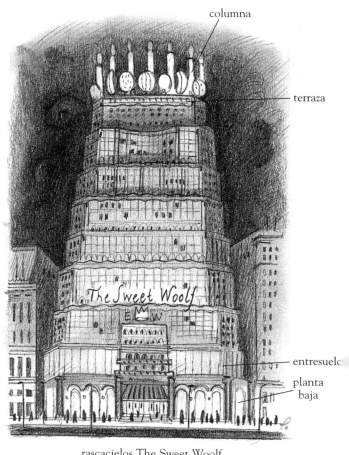

columna

terraza

entresuelo

planta
baja

rascacielos The Sweet Woolf

lujosa pastelería que ocupaba los mil metros cuadrados
de *la planta baja*.

Tanto los salones de té como la pastelería tenían

grabado en las *puertas giratorias* de la entrada el dibujo en dorado de un lobo.

El olor a *bollos*, tartas y pasteles recién sacados del horno que *invadía* la calle en aquel tramo era tan *apetitoso y tentador* que circulaba un *eslogan* de autor desconocido, con el que los insatisfechos se solían consolar, y que decía:

El Dulce Lobo es la tienda
donde sólo con oler
se *desayuna* o merienda.

El edificio, flanqueado por dos *callejones* de seguridad, *en previsión de robos e incendios*, tenía forma *octogonal*, y la parte de abajo, donde estaba la *repostería* y encima de ella los salones de té Dulce Lobo I y Dulce Lobo II, constituía la base más ancha y sólida, *reforzada* por dieciséis *gruesas* columnas de *mármol* color chocolate.

---

puerta giratoria, puerta múltiple que se mueve y permite la entrada de una persona cada vez.
bollo, panecillo dulce.
invadir, aquí: llegar hasta.
apetitoso, que invita a comer o abre el apetito.
tentador, aquí: que invita a comer.
el eslogan, frase publicitaria (del inglés "slogan").
desayunar, comer algo por la mañana (primera comida del día).
el callejón, calle estrecha.
en previsión de, para evitar.
robo, acción de quitar o llevarse un objeto que no pertenece a quien lo hace.
incendio, fuego que destruye, por ejemplo, una casa.
octogonal, de ocho lados.
repostería, tienda donde se hacen y se venden dulces, pasteles...
reforzar, sujetar bien.
grueso, ancho, gordo.
el mármol, piedra de valor, usada sobre todo por los escultores o como adorno.

Luego aquella base se iba estrechando *progresivamente* cada cinco pisos hasta llegar al cuarenta, que era el último. Con este estrechamiento hacia arriba se lograba *el efecto óptico* deseado por el arquitecto que *ideó* el edifi-
5 cio, es decir que tuviera, como en realidad tenía, forma de tarta.

La terraza, lo más *llamativo* de todo el rascacielos, estaba *coronada por adornos* de grueso cristal *policroma-do* imitando diversas frutas, cada cual del color que en
10 realidad le *correspondía* para lograr mayor *verismo*: plátanos, grosellas, limones, manzanas, cerezas, peras, naranjas, ciruelas, uvas, higos y fresas. Eran de un tamaño enorme.

Cuando empezaba a *caer la noche*, mediante un siste-
15 ma eléctrico que se *conectaba* desde el piso cuarenta con el interior de las frutas, se iluminaban éstas, *nimbadas* de unos efectos tan especiales que era habitual encontrarse a grupos de turistas y curiosos, *congregados* en la acera de enfrente del edificio, mirando *embobados* para arri-
20 ba y tratando de *sacar fotos*. Porque los turistas, ya se

progresivamente, poco a poco.
efecto óptico, efecto que un objeto produce cuando se mira.
idear, imaginar; aquí: hacer los planos (un arquitecto).
terraza, ver ilustración en pág. 86.
llamativo, original.
coronada por adornos, con adornos en la parte más alta (como si los adornos fueran una "corona").
policromado, de muchos colores.
corresponder, aquí: ser auténtico, original.
verismo, realismo.
caer la noche, cuando el sol se oculta y poco a poco ya no hay luz.
conectar, aquí: unir.
nimbadas, rodeadas de luz.
congregados, reunidos, juntos.
embobado, aquí: admirado (de ver una cosa que no se espera).
sacar fotos, hacer fotografías.

fresas

uvas

cerezas

grosellas

limones

naranjas

ciruelas

higos

peras

plátanos

manzana

sabe, lo que quieren no es ver las cosas, sino retratarlas.

Era francamente espectacular. Porque, además, entre cada fruta de cristal y la siguiente *se alzaban* unas columnas blancas con *capuchón* iluminado, que figura-
5 ban ser velas de las que se ponen en las tartas de cumpleaños.

Todos estos efectos de *luminotecnia se gobernaban* desde una gran *nave* instalada en el último piso. Allí estaban también las máquinas de *aire acondicionado*, las
10 de *depuración de agua*, las *calderas*, las diferentes chimeneas de salida de humos, todo un vasto reino, en fin, *surcado de tuberías*, de llaves, de botones, de grifos y *palancas*, de *circuitos cerrados de televisión*... O sea que allí, en la nave del piso cuarenta, estaban *"las tripas y el
15 cerebro* del negocio", como solía decir con humor Greg Monroe, un viejo empleado de mister Woolf, *a cuyo*

alzarse, elevarse.

el capuchón, aquí: construcción por encima de las columnas (que da la impresión de ser el fuego de una vela).

luminotecnia, técnica de la iluminación.

gobernar, aquí: controlar, dirigir.

la nave, aquí: espacio cerrado muy amplio y largo (por ejemplo en el sótano de un edificio).

el aire acondicionado, instalación eléctrica para regular la temperatura de un piso.

la depuración de agua, limpieza de las aguas usadas.

caldera, depósito de agua (para la calefacción).

surcado de, aquí: lleno por todas partes de.

tubería, conducto por donde circula el agua, el gas...

palanca, barra rígida (que sirve para abrir o cerrar el paso del agua etc.).

circuito cerrado de televisión, instalación de televisión en un edificio, por ejemplo en un supermercado, para vigilar a los clientes.

las tripas, aquí: lo que no se ve desde fuera (en un edificio: calefacción etc.).

cerebro, aquí: lo más importante (de un edificio).

a cuyo cargo corría, que era el responsable.

cargo corría la revisión y cuidado de toda aquella *maquinaria*.

De todos los empleados que estaban a las órdenes del Rey de las Tartas era Greg Monroe el único que le *tuteaba*.

A la edad de diez años había entrado a trabajar como *chico de los recados* en la pastelería de la calle 14, justo una semana antes de que *la nuera* del viejo dueño *se pusiera de parto* y naciera Edgar Woolf, que nunca tuvo más hermanos. Greg le tomó cariño desde que nació y lo conocía mejor que nadie.

Pero aquel chico despierto, *tenaz* e *imaginativo* pronto tuvo otras ambiciones. Y aunque nunca perdiera del todo el contacto con Edgar (por carta o por teléfono), los diferentes oficios que *desempeñó* posteriormente le alejaron de Nueva York y de su amigo durante muchas etapas *de sus respectivas vidas*. Greg Monroe había sido *delineante, tramoyista, cámara de cine,* inventor de aparatos electrónicos que llevaban su *patente* y, por fin,

maquinaria, las máquinas.
tutear, tratar a alguien de "tú".
chico de los recados, muchacho encargado en un negocio de ir de un lugar a otro para transmitir las órdenes de los jefes.
nuera, esposa del hijo.
ponerse de parto, estar a punto de tener un hijo.
tenaz, constante, decidido a conseguir algo.
imaginativo, con imaginación o fantasía.
desempeñar un oficio, trabajar en un determinado lugar.
etapa, período.
de sus respectivas vidas, de la vida de cada uno de ellos.
el/la delineante, persona que se dedica a hacer dibujos o planos de algo.
el/la tramoyista, en un teatro, la persona que maneja lo necesario para poner, cambiar o quitar los decorados.
el cámara de cine, el profesional que maneja "la cámara" cuando se filma una película.
la patente, documento que acredita el derecho exclusivo de un invento.

uno de los *técnicos especializados* en sonido y luminotecnia más solicitados de Manhattan.

Hasta que un día, cuando *el volumen* de los negocios de Edgar Woolf hizo *indispensable* el apoyo de un hombre *de toda su confianza*, pensó en Greg para ofrecerle el puesto de *segundo de a bordo*. Greg, que acababa de *enviudar* y tenía a sus hijos ya casados y viviendo lejos, aceptó la *oferta* de su antiguo amigo. Lo que, desde luego, no imaginaba es que iba a llegar a resultar tan indispensable en El Dulce Lobo. No sólo para "las tripas y la cabeza" de la empresa, sino también para las del dueño, que, como apenas tenía amigos y no se fiaba de nadie, llegó a aficionarse tanto a la compañía del viejo Monroe que *acabó necesitándolo y echando mano de* él para todo.

-Chico, es que abusas. *Eso no es de mi competencia* - le solía decir cuando le consultaba asuntos *relacionados con* la calidad de las tartas-. No pretenderás que baje a la cocina para probar todos los productos que salen del horno a diario. Me moriría de un *atracón*. Además, para eso tienes a los Maestros Tartufos...

técnico especializado, persona que es responsable de un determinado trabajo técnico.
el volumen, aquí: la cantidad.
indispensable, absolutamente necesario, imprescindible.
de toda su confianza, en quien se puede confiar totalmente.
segundo de a bordo, aquí: la segunda persona más importante en una empresa.
enviudar, quedarse viudo o viuda (cuando muere la mujer o el marido).
oferta, ofrecimiento, invitación.
acabó necesitándolo, al final lo necesitaba.
echar mano de alguien, recurrir a alguien (para resolver algún problema).
Eso no es de mi competencia. No pertenece a mi trabajo.
relacionado con, que tiene que ver con.
el atracón, cuando se come demasiado (y por eso la comida sienta mal).

El viejo Monroe tenía un carácter tan *bondadoso* y sincero y una filosofía de la vida tan *matizada* por el sentido del humor que era imposible *tomarse a mal* ninguna de sus cariñosas *críticas*. *Por otra parte*, Edgar Woolf estaba muy necesitado de ambas cosas: de cariño y de crítica.

-Pero ellos no me quieren como tú. Me engañan. Ya ves lo de la tarta de fresa. *Si no me lo llegas a decir tú*, no me hubiera enterado...

-¿Pero de qué? Si yo no te dije nada. ¡Ay, por favor, Edgar, no volvamos con lo de la tarta de fresa...!

-Claro, ahora quieres quitarle importancia, porque eres muy bueno. Pero ya hace meses que se comenta por todo Manhattan que mi tarta de fresa es una *porquería*, que me está *desprestigiando* el negocio... Y *si no llega a ser por ti*...

-¡Basta, por favor! -gritaba el viejo Monroe muy *excitado*-. Si *te empeñas en* sufrir, allá tú. Pero yo no te he dicho nada de eso, *te obsesionas* tú solo. Yo lo único que te dije es que un día se me ocurrió invitar a uno de mis nietos a merendar abajo y él no se acabó el trozo de tarta porque le pareció que estaba seca...

bondadoso, bueno, de buen corazón.
matizado, aquí; suavizado, caracterizado.
tomar (se) a mal una cosa, enfadarse por algún motivo.
crítica, comentarios, opiniones que juzgan la actuación de alguien.
por otra parte, aparte de eso, por otro lado.
Si no me lo llegas a decir tú..., Nadie me lo cuenta..., Tú eres el único que me lo ha contado...
porquería, aquí: comida (tarta) no buena.
desprestigiar, quitar la buena fama.
Si no llega a ser por ti... Si tú no me lo dices...
excitado, muy nervioso.
empeñarse en, insistir en, tener gran interés en.
obsesionarse, tener una única preocupación todo el tiempo.

-No, también dijiste que tú la habías probado y que...

-Ay, ya no me acuerdo de lo que te dije.

-Pero lo malo es que el problema sigue sin resolverse...

5 -¡Problema, problema! *-mascullaba* Greg Monroe-. ¡Cómo se nota que nunca has sabido lo que es tener un problema...

Efectivamente, Edgar Woolf llevaba unos meses completamente obsesionado por la tarta de fresa.
10 Había *contratado* a varios detectives para que se *camuflaran* entre los clientes de Dulce Lobo I y Dulce Lobo II y le *transmitieran* puntualmente todos los comentarios *desfavorables* que recogieran acerca de la tarta de fresa. *Al parecer* no era de las que, en realidad, tenían
15 mayor *aceptación* y se había llegado a oír decir no sólo que el producto había bajado de calidad, sino que nunca la tuvo.

Había *despedido* a *sucesivos pasteleros* y, según él, ninguno acertaba con una receta verdaderamente eficaz.
20 Por otra parte, el hecho de que cada quince o veinte días la tarta de fresa de El Dulce Lobo cambiara de *sabor acentuaba el desconcierto* de los *consumidores*. Porque hay

mascullar, hablar pronunciando las palabras con poca claridad.
contratar, dar un trabajo pagado.
camuflarse, esconderse.
transmitir, comunicar; aquí: contar.
desfavorable, contrario a las opiniones o deseos de alguien.
al parecer, si se juzga por lo que se ve.
la aceptación, acción de recibir o admitir con gusto una oferta.
despedir, aquí: quitar el empleo o trabajo a alguien.
sucesivos pasteleros, varios pasteleros, uno después de otro.
el sabor, cualidad, buena o mala, de una comida que gusta o no gusta.
acentuar, aquí: confirmar.
desconcierto, inseguridad.
el consumidor, el comprador.

que tener en cuenta que en los Estados Unidos el público es muy tradicional y poco amigo de *innovaciones*.

Los detectives *no* habían tenido más remedio que *hacer llegar* a Edgar Woolf el resultado de sus *pacientes* y *sutiles* observaciones.

-Yo creo que hoy *les ha salido algo mejor* -decía una señora, entre *sorbo* y sorbo de té.

-Ya, pero no me digas, Bárbara, ¡que en una casa como ésta tengamos que probar algo sin total *garantía...*! -replicaba la otra.

-Eso es verdad.

Edgar Woolf, contra su costumbre, había empezado a salir de aquel barrio, a *patearse* todo Manhattan y a meterse *de incógnito* en diversas cafeterías del Village, de Lexington o de la Quinta Avenida.

Había llegado tan bajo como para *poner anuncios* en los mejores diarios de Manhattan, *ofreciendo el oro y el moro* a quien le consiguiese la receta auténtica, *casera* y tradicional de la tarta de fresa de toda la vida. Edgar Woolf se consideraba un *frustrado*.

---

la innovación, aquí: producto nuevo.

hacer llegar, aquí: comunicar, decir.

paciente, aquí: constante.

sutil, delicado.

Les ha salido algo mejor, aquí: Tiene mejor sabor que otras veces.

sorbo, pequeño trago de un líquido.

garantía, seguridad (de que un producto que se ofrece es bueno).

patearse (una ciudad), familiar: recorrer una ciudad a pie durante largo tiempo.

de incógnito, sin que nadie sepa quién es.

poner un anuncio, publicar una noticia o una oferta en la prensa.

ofrecer el oro y el moro, prometer una recompensa o un premio extraordinarios.

casero, hecho en casa.

frustrado, fracasado.

-¡Pero qué frustrado *ni qué niño muerto*! -le reñía su amigo-. Ya tienes cincuenta años, por favor, Edgar. Disfruta de la vida y gástate el dinero que te has ganado honradamente. Haz un viaje, sal al cine, búscate una
5 mujer que te quiera, qué sé yo...

-Sí, una mujer que me quiera, como si fuera tan fácil.

-Pues no sé por qué no. Estás en la mejor edad y, si *te cuidaras* un poco más, resultarías francamente interesante. ¿Has intentado enamorarte en serio?

10 -¿Y para qué, si todas me dejan?

-Desde luego, si llevas a una mujer a bailar y te pasas la noche hablándole de que la tarta de fresa *te sale peor que* la de chocolate, supongo que te dirá que se va al tocador a pintarse los labios y no la volverás a ver. ¡Yo
15 haría lo mismo!

-*No hurgues en mis heridas*, Greg. Sabes de sobra que jamás he conseguido que ninguna mujer se enamorara de mí.

-Claro, porque *eres un pelma*. Y las mujeres necesitan
20 que les hagan caso, que se dediquen a ellas. ¿Cuándo has querido tú a ninguna, a ver? Enamórate de *una tía salada*, que te *sorba el seso*, que te encienda las ganas de alegrarle la vida y con eso mismo te la alegre a ti. ¿Tú crees que es normal que yo tenga que aguantar todos los

---

¡... *ni qué niño muerto*!, familiar: expresión usada para reforzar una negación.

cuidarse, aquí: preocuparse por su salud, sus vestidos, su limpieza...

te sale peor que..., no es tan buena como...

No hurgues en mis heridas. No me hagas más daño donde ya tengo dolor.

Eres un pelma, familiar: Eres muy pesado.

tía, familiar: expresión popular para "mujer".

salada, aquí: simpática, graciosa.

sorber el seso a alguien, familiar: tener una gran influencia (sobre todo afectiva) sobre alguien.

días el mismo *rollo?*

-Pues si tan pelma te parezco, súbete a tu piso y déjame en paz.

Siempre acababan separándose enfadados, aunque el enfado les duraba poco.   5

Greg Monroe *era de gustos sencillos*, vestía siempre con un *guardapolvo* gris y su vida solía *transcurrir* en la planta cuarenta. Cuando no se encontraba ocupado con la revisión de la maquinaria, abría una puertecita de madera oscura con *picaporte niquelado* situada en la 10
pared de la derecha, que conducía a su modesta vivienda particular. *Una vez allí*, se dedicaba a dibujar, a leer o a oír música, que eran sus tres *pasiones favoritas*. Otras veces venía a visitarle algún nieto.

Pero raramente podía disfrutar de quellos ratos de 15
descanso sin *interrupciones*. El dormitorio de Edgar Woolf ocupaba el mismo espacio que su *apartamento* y pillaba exactamente debajo de él. Y *para mayor inri*, a la

rollo, familiar: conversación pesada, molesta.
ser de gustos sencillos, no ser muy exigente en la vida privada.
guardapolvo, prenda de vestir, larga, que se pone sobre el traje o el vestido para no mancharlos.
transcurrir, desarrollarse.
el picaporte, dispositivo para abrir con la mano una puerta o una ventana.
niquelado, (de metal) cubierto con níquel para que brille.
una vez allí, cuando estaba ya allí.
la pasión favorita, aquí: el interés personal más importante.
la interrupción, suspensión (de una actividad).
apartamento, vivienda particular.
para mayor inri, familiar: además de eso. (La expresión, como muchas otras en este libro -y en el idioma coloquial de España y de Hispanoamérica- proviene del mundo de la religión (ver también la Introducción). Aquí se trata de la inscripción irónica que Pilatos puso en la cruz donde fue crucificado Jesús: Iesus Nazarenus Rex Iudaeorum (INRI).

vuelta de un reciente viaje a California por motivos familiares, Greg Monroe se había encontrado con que su jefe había mandado construir un curioso ascensor *cilíndrico* que *comunicaba* ambas *piezas*.

5   Aquella tarde de diciembre, Edgar Woolf estaba particularmente nervioso. Se paseaba *como un oso enjaulado* por su enorme despacho, encendía un *pitillo* detrás de otro y *no paraba de mirar* el reloj.

    Por fin subió con paso decidido *la escalera de caracol* 10 que comunicaba con su dormitorio. Era una estancia muy *espaciosa*, separada del gran cuarto de baño por una pared de mármol verde. El techo y las demás paredes eran de espejo, menos el trozo que *cogía* una puerta *encristalada* que *daba acceso* a la terraza. Abrió esta 15 puerta y salió.

    Volvió a mirar el reloj. Eran las siete y media. Ya no. Estaba claro que miss Lunatic ya no venía. Y la echaba furiosamente de menos.

    Llevaba una hora esperando a aquella extraña y *fascinante* 20 mujer que la tarde anterior se le había aparecido entre las *frondas* del parque. ¿De qué habían habla-

---

cilíndrico, en forma de cilindro (cuerpo geométrico circular).
comunicar, aquí: unir.
pieza, aquí: habitación, vivienda.
como un oso enjaulado, como un oso en un parque zoológico, que camina sin descanso de un extremo a otro de su jaula.
pitillo, cigarrillo. Ver ilustración en pág. 14.
no parar de mirar, mirar constantemente.
espacioso, amplio.
coger, aquí: corresponder a, abarcar.
encristalado, hecho de cristal.
dar acceso a, dar paso a, comunicar con.
fascinante, atractiva, especialmente interesante.
fronda, muchas hojas y ramas de árboles o arbustos.

escalera
de caracol

do? ¿Por dónde empezó la conversación? ¿Y cómo *se las había arreglado* ella *para infundirle* esa especie de fe olvidada en el amor, en la vida, en *el azar*? ¿Qué fue exactamente lo que le dijo?

Había sido incapaz de explicárselo a Greg Monroe. 5
Ni siquiera se había atrevido a decirle cómo iba ella vestida, ni a hablarle del carrito que arrastraba.

Ya no venía. Eran casi las ocho. Había telefoneado cinco veces a recepción. No. No había merodeado por *las inmediaciones* de El Dulce Lobo ninguna persona 10
que *respondiera a* aquella *descripción*.

Necesitaba *darse un paseo*. Tal vez se la volviera a encontrar en el parque. Una fuerza muy viva le arras-

arreglárselas para..., encontrar por sí mismo la forma de solucionar un problema personal.
infundir, producir un determinado sentimiento en otra persona.
el azar, la casualidad, la suerte.
las inmediaciones, los lugares cercanos.
responder a, aquí: ser semejante a.
la descripción, representación de algo o alguien por medio de palabras (habladas o escritas).
dar(se) un paseo, pasear.

traba hacia el parque, llamándole como hacia un centro de esperanza.

Entró en el dormitorio y se miró en el espejo. Su figura le pareció misteriosa e interesante. Cogió el abrigo y el sombrero y se dirigió al *pasadizo* que llevaba a su rápido ascensor particular.

OCHO

Encuentro de miss Lunatic con Sara Allen

Cuando miss Lunatic *se apeó* en la estación de Columbus Circle, llevaba instalado en su cochecito a un niño de tierna edad, porque dentro del vagón se había dado cuenta de que su madre, una mujer joven y muy *desmejorada, cargada de paquetes*, apenas podía sujetar tanto *bulto*. Los acompañó hasta otro vagón donde tenían que *hacer transbordo*, y el niño se iba riendo muy contento con *el bamboleo* del cochecito, y se agarraba a los lados, intentando *ponerse de pie*. Luego no quería salirse de allí, y cuando miss Lunatic lo cogió en brazos para devolvérselo a su madre, se puso a lloriquear.

---

pasadizo, paso estrecho de un lugar a otro.
encuentro, cuando dos o más personas se ven en un determinado lugar.
apearse, bajar o salir (aquí: del metro).
desmejorada, con aspecto de no estar bien de salud.
cargada de paquetes, llevando muchos paquetes.
bulto, paquete, parte del equipaje.
hacer transbordo, cambiar de tren (o de metro...).
bamboleo, movimiento de un lado a otro.
ponerse de pie, levantarse.

-Muchas gracias por todo, señora -dijo la madre-. Vamos, Ray, no llores... Parece que se quiere quedar con usted.

El niño, en efecto, *se aferraba* con todas sus fuerzas a un *collar* lleno de *colgantes* de diferentes formas y tama- 5 ños que le asomaba a miss Lunatic por entre múltiples *bufandas desteñidas*.

-No -dijo-, es que *se ha encaprichado de* esta *campanilla*. Te gusta como suena, ¿eh?... Espere.

Miss Lunatic se sacó unas *tijeras* pequeñas de la fal- 10 triquera y *desprendió* hábilmente de su collar una campanilla *plateada*. Luego empezó a *agitarla* alegremente ante aquellas manitas infantiles que *se apresuraron a* agarrarla. Al llanto *sucedieron como por encanto unos sonidos guturales* de triunfo. 15

collar

campanilla

tijeras

aferrarse a, sujetarse a.
el colgante, adorno que "cuelga" (de un collar etc.).
bufanda, ver ilustración en pág. 77.
desteñido, que ha perdido el color original.
encapricharse de una cosa, mostrar gran interés en conseguir algo.
desprender, soltar; aquí: cortar con las tijeras.
plateado, de color de plata.
agitar, mover de un lado a otro.
apresurarse a, darse prisa para.
suceder, aquí: seguir.
como por encanto, sin explicación racional.
sonidos guturales, sonidos de la garganta.

-¡Que no, por favor, *no faltaba más*! -protestó la madre-. ¡Dásela, Ray! Es de la señora... Gracias, señora, pero los niños no saben lo que quieren.

-En eso no estoy de acuerdo, ya ve. Yo creo, *por el*
5 *contrario*, que son los únicos que saben lo que quieren.

La madre la miraba con curiosidad.

-Además, seguramente para usted sería un recuerdo.

-Sí, claro, pero el recuerdo lo voy a seguir teniendo igual. Ahí llega su vagón. Tome, que se deja un paque-
10 te. Adiós, guapo.

Los vio meterse *apretujados* contra otras personas. Por detrás del cristal, la mujer, con gesto efusivo, pero atenta a que no se le cayeran los paquetes, estaba tratando de mover el brazo gordezuelo de Ray para que le
15 dijera adiós a miss Lunatic, agitando la campanilla con sus deditos torpes.

Se quedó mirándolo *desaparecer engullido* por el túnel, y luego echó a andar hacia la salida. Andaba *encorvada*, arrastrando los pies, presa de un súbito *des-*
20 *aliento.*"¡Qué vieja soy! -pensó-. ¡Vaya!, se ve que la conversación con el Comisario *me ha puesto sentimental.*"

La verdad es que le *apetecía* poco *entrevistarse con* el

¡No faltaba más! aquí: De ninguna manera.

por el contrario, al contrario (de lo que usted piensa o dice).

apretujados, muy juntos en poco espacio.

desaparecer, marcharse, perderse de vista.

engullido, como tragado (por el túnel).

encorvada, doblada, no erguida.

desaliento, cuando se pierden las fuerzas o las ganas.

Me ha puesto sentimental. Ha despertado en mí algunos sentimientos (amor, tristeza...).

apetecer, aquí: desear.

entrevistarse con, encontrarse y hablar con.

Rey de las Tartas. Pero bueno, lo decidiría en la calle.

Irguió la cabeza, y en ese mismo momento sus ojos *se tropezaron con* una escena que *ahuyentó* sus *pesadumbres* para obligarla a fijarse en las ajenas.

Entre el *atropellado* ir y venir de los viajeros que se 5
adelantaban unos a otros, se empujaban y se cruzaban sin mirarse, una niña, totalmente ignorada por ellos, lloraba silenciosamente con los ojos bajos y la espalda apoyada en la pared del *paso subterráneo*. Podría tener unos diez años. Llevaba un impermeable *encarnado* con 10
capucha y, al brazo, una *cesta de mimbre* cubierta por una servilleta a cuadros.

Mis Lunatic se detuvo a mirarla y enseguida comprendió por qué la había emocionado tanto aquella *visión*. Le recordaba muchísimo a la Caperucita Roja 15
dibujada en la *edición* de cuentos de Perrault que ella le había regalado a su hijo cuando era pequeño.

Se acercó a ella. La niña, al ver los viejos zapatos de miss Lunatic parados allí en el suelo junto a los suyos, levantó los ojos, que tenía, efectivamente, llenos de 20
lágrimas. Y la miró. Y miss Lunatic, que ya hacía mucho que no había visto una mirada tan transparente y *candorosa*, sintió como si su viejo corazón se calentara ante

erguir, levantar.
tropezarse con, aquí: ver de repente.
ahuyentar, aquí: hacer desaparecer.
la pesadumbre, sentimiento de tristeza o disgusto.
atropellado, aquí: rápido (entre muchas personas).
paso subterráneo, camino por debajo de la superficie.
encarnado, de color rojo.
capucha, ver ilustración en pág. 43.
cesta de mimbre, ver ilustración en pág. 38.
la visión, aquí: acción de ver de repente algo inesperado.
la edición (*de un libro*), publicación de un libro.
candorosa, limpia y sencilla.

103

las llamas de una inesperada hoguera.

-¿Qué te pasa, guapa? ¿Te has perdido?

La niña negó con la cabeza. Luego sacó un pañuelo del bolsillo del impermeable y se puso a *sonarse* y a
5 secarse las lágrimas.

-No. Porque esta estación es la que queda más cerca de Central Park, ¿verdad?

-Sí. ¿Entras al metro o sales de él?

-Salgo... *Mejor dicho*, ... había pensado salir.

10 -Pues yo también. Así que si quieres te acompaño.

-Gracias. No hace falta que se moleste. Tengo un plano.

-¡Ah, tienes un plano! Entonces, ¿por qué lloras? -insistió miss Lunatic, al darse cuenta de que la niña
15 volvía a *hacer pucheros*.

-Es muy largo de contar. Muy largo.

-Bueno, eso no importa. Lo que *vale la pena* siempre es largo de contar. Pero me gustaría saber si tú tienes ganas de contarlo o no. Eso es lo único importante.

20 -¿Ganas? ¡Oh, sí, muchísimas! -exclamó la niña-. ¿Pero a quién se lo puedo contar?

-A mí, por ejemplo.

-¿De verdad?

-Claro. ¿Tan raro te parece? Por cierto, ¿eres de aquí?
25 -De Manhattan no. Vivo en Brooklyn. Y ahora voy hacia el norte, a Morningside, a casa de mi abuela. Mejor dicho, iba... Me he parado aquí porque... Bueno, es que nunca había salido sola... Quería ver Central

---

sonarse, limpiarse la nariz con un pañuelo.
Mejor dicho... Es decir...
hacer pucheros, se refiere al gesto que hacen los niños pequeños inmediatamente antes de llorar.
vale la pena, merece el esfuerzo o el trabajo.

104

Park... Pero, de pronto..., no sé, *me han entrado remordimientos*.

-Anda, vamos afuera -dijo miss Lunatic con acento sereno y *persuasivo*-. Aquí nos están empujando. Conozco un café muy agradable cerca del Lincoln Center, donde podremos hablar a gusto. ¿Quieres poner esa cesta que llevas dentro del cochecito? 5

-Bueno -dijo la niña.

-*Pues andando*, dame la mano.

No *volvieron a hablar* hasta que salieron a la superficie. Soplaba un viento muy frío. *A sus espaldas* quedaba una plaza con la estatua de *Colón* en medio. Y más 10 allá, la verja de un jardín muy grande.

Enfrente había un cine ante el cual *se aglomeraba* mucha gente bien vestida. Llegó despacito un automóvil negro, alargado y silencioso, que tenía tres 15 puertas y *cortinillas de gasa* en las ventanas. Salió un chófer *mulato* vestido de gris con *galones* dorados y le abrió la *portezuela* a alguien que venía dentro. Apareció

Me han entrado remordimientos. He sentido que he hecho algo malo y lo lamento.

persuasivo, que tiene fuerza y eficacia.

Pues andando. Vámonos de aquí.

volver a hablar, hablar otra vez.

a sus espaldas, detrás de ellas.

Cristóbal Colón, como en muchas ciudades de España -y en algunas de Hispanoamérica-, también en el centro de Nueva York hay una estatua del "descubridor" de América.

aglomerarse, juntarse muchas personas en un lugar.

cortinilla (*cortina*), tela que sirve para cubrir ventanas o puertas transparentes, para que no entre la luz o también como adorno.

gasa, tela ligera y transparente, en general de seda o de hilo.

mulato, hijo de una persona blanca y otra de color.

los galones, adorno que llevan por ejemplo los militares en los hombros y en la bocamanga.

portezuela (*puerta*), puerta pequeña.

una larga pierna de mujer *rematada por* un zapato de cristal *primoroso*.

-¿Será la Cenicienta? -preguntó la niña.

-No -dijo miss Lunatic-. Creo que se llama *Katleen Turner*.

-¿Vamos a verla?

Miss Lunatic no contestó, pero se dejó arrastrar.

Una nube de fotógrafos *estaba pendiente de* la llegada de aquella mujer que acababa de salir del coche negro. Iba vestida con un *traje de plata*, y la acompañaba un hombre rubio y alto *vestido de pingüino*. Pero había tanta gente que no se veía bien.

¡Qué raro ese coche!, ¿verdad? -dijo la niña.

-Es donde suelen ir metidos los millonarios. Se ven bastantes por Manhattan. Se llaman 'limusines', y llevan teléfono, bar, televisión, en fin, hija, de todo. Vámonos de aquí, anda.

La niña la miró.

-¿Tú has sido artista? Mi abuela ha sido artista.

-Yo no -dijo miss Lunatic-. Pero sí he sido *musa* de un artista.

-No sé bien lo que es musa -dijo la niña-. ¿No son unas que llevan alas?

-Puede que algunas tengamos alas, sí. Pero mi caso,

rematada por, que termina en.
primoroso, delicado, agradable de ver.
Katleen Turner, conocida artista de cine norteamericana.
estar pendiente de, estar muy atento a.
el traje de plata, en el lenguaje o en la imaginación infantil de la niña, el vestido plateado de la artista es de plata.
vestido de pingüino, el "frac" que lleva el acompañante de la artista es, para la imaginación de la niña, semejante al aspecto de un pingüino.
musa, figura mitológica que representa la inspiración de un artista.

de todas maneras, es especial, y desde luego largo de contar. Vamos a cruzar en esa dirección, anda, que esta gente se ha creído que la calle es suya. No te pares tanto, anda, que sopla un viento muy frío. Enseguida nos sentamos en ese café que te digo y me cuentas todo lo que quieras. 5

-¿Todo lo que quiera? -preguntó la niña, *incrédula*-. Eso es mucho. Y usted tendrá prisa. Otras cosas que hacer.

Miss Lunatic se echó a reír. 10

-¿Yo prisa? No. Y aunque la tuviera. Nunca he encontrado un quehacer más importante que el de escuchar historias.

-¡Qué casualidad! -dijo la niña-. A mí *me pasa igual*.

-Se ve que las dos hemos tenido suerte. 15

-¿Quiere decir que también usted me va a contar cosas? Yo quiero que me explique eso de la musa que ha dicho.

Hubo un *golpe de viento* muy fuerte y se llevó el sombrero de miss Lunatic, *haciendo remolinos* calle abajo. La 20 niña salió corriendo detrás de él y logró *rescatarlo* junto a una *alcantarilla*. Un taxi *estuvo a punto de atropellarla* y *el taxista*, muy enfadado, sacó la cabeza por la *ventanilla*

---

incrédula, que no cree en algo.

Me pasa igual. Yo también pienso así.

el golpe de viento, viento fuerte y repentino.

hacer remolinos, aquí: dar muchas vueltas (por efecto del viento).

rescatar, aquí: evitar un daño o peligro.

alcantarilla, entrada al conducto subterráneo por donde corre el agua de la lluvia o las aguas residuales de una población.

estar a punto de, faltar muy poco para.

atropellar, cuando un coche choca con una persona.

el/la taxista, conductor/a de un taxi.

ventanilla, pequeña ventana.

diciendo unos *insultos* que no se entendían. Al devolverle el sombrero a miss Lunatic, le *extrañó* que ella no la riñese, como habría hecho cualquier persona mayor en un caso semejante.

5 -Gracias, hija. ¡Qué pies tan ligeros tienes! -dijo, mientras se volvía a poner el sombrero-. Por cierto, ¿cómo te llamas?

-Sara Allen. ¿Y usted?

-Puedes llamarme miss Lunatic, de momento.

10 -¿Entonces me va a contar lo de la musa?

-Podría ser. Pero mira, no me gusta *planear* las conversaciones *de antemano*. *Lo que vaya saliendo.* Aquello que ves allí es el New York Theater Center. *Dan conciertos* y espectáculos de ballet. Vamos, Sara, hija, anda

15 más ligera, que *vas a paso de tortuga*.

Y, *apretando el paso*, mientras *empuñaban el manillar* del cochecito cada una por un lado, dejaron atrás la estatua de *Dante Alighieri*, situada en un *triangulito* delante del Teatro Central.

---

insulto, palabras para ofender a una persona.

extrañar, causar sorpresa.

planear, preparar detalladamente.

de antemano, con anticipación.

Lo que vaya saliendo. familiar: Hablamos de lo que queramos en cada momento.

dar conciertos, ofrecer conciertos de música.

Vas a paso de tortuga. Caminas demasiado despacio.

apretar el paso, caminar más deprisa.

empuñar, sujetar con las manos.

el manillar, donde se apoyan las manos para conducir una bicicleta, un coche de niño...

Dante Alighieri, otra de las estatuas de Nueva York es la del gran poeta italiano Dante Alighieri (1265-1321), autor, entre otras obras famosas, de la "Divina Comedia".

triangulito (*triángulo*), figura geométrica de tres líneas y ángulos.

108

Miss Lunatic había vuelto a *tararear* el viejo himno alsaciano que inició a la salida de la comisaría. Sara la miraba de reojo mientras esperaban que el *semáforo se pusiera verde* para cruzar.

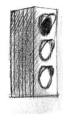

semáforo

NUEVE

Madame Bartholdi.   5
Un *rodaje de cine fallido*

Las camareras de aquel bar llevaban *lacitos* en el pelo y *circulaban* de una mesa a otra en *patines*. A pesar de lo cual *mantenían la bandeja* con sus vasos, botellas y *copas de helado en equilibrio*.   10

---

tararear, cantar una melodía sin pronunciar las palabras.
ponerse verde, cambiar el semáforo de color.
el rodaje de cine, acción de filmar una película.
fallido, fracasado.
lacito (*lazo*), cinta de tela (para sujetar o adornar el pelo).
circular, aquí: moverse, ir de un lado a otro.
el patín, *patines*, ver ilustración en pág. 111.
mantener en equilibrio, tratar de que no se caiga (bandeja, vasos...).
bandeja, ver ilustración en pág. 111.
copa de helado, ver ilustración en pág. 53.

gorra de visera a cuadros

raíles

copa

Aquella tarde se estaba *rodando* allí *una película*, y había una *aglomeración* exagerada de público. A la puerta, entre un grupo de curiosos, estaba parado un hombre joven. Llevaba *gorra de visera a cuadros*. Miró
5 con curiosidad a la anciana de *la pamela* y a la niña de

rodar una película, filmar.
la aglomeración, gran número de personas.

110

bandeja

foco

pamela

patín

calón

camarera

rojo que pretendían entrar en el local con aquel extraño *carricoche*.

-¿Vienen ustedes de *extras* para el rodaje? -preguntó.

carricoche, coche muy viejo; aquí: el coche de niño en el que madame
Bartholdi transporta sus cosas. Ver ilustración en pág. 77.
el/la extra, actor secundario en cine, teatro...

-¿Cómo dices? -preguntó la anciana, *curvándose* a través del cochecito.

-¡Yo quiero entrar, por favor, miss Lunatic! ¡Yo quiero entrar! -dijo la niña-. ¡Hay patinadoras! ¿No lo ve por el escaparate? ¡Es precioso! Yo quiero entrar.

-Mira, Sara -le contestó la anciana en voz baja-, cuando se desea mucho una cosa, no hay que decirlo tanto. Disimula.

-Pero ese chico ha dicho...

-¿Y qué nos importa lo que diga el chico? Lo han puesto ahí para que se crea que manda, pero no manda nada. A ti te hace ilusión entrar, ¿no?

-¡Oh, sí, muchísima! ¿A usted no?

-A mí me parece que no vamos a poder hablar a gusto con tanto *jaleo* -dijo miss Lunatic con gesto *displicente*-. Pero eso *es lo de menos. Con tal de que a ti se te pasen las penas...*

Y, dirigiéndose al chico de la visera, que las observaba *perplejo*, hizo un gesto teatral con la mano, como intentando apartar de su camino un *impedimento casual y fastidioso*.

-Mire usted, jovencito, nosotras de extras, nada. Nosotras somos las protagonistas principales.

-¿Qué quiere usted decir? -preguntó él *boquiabierto*.

---

curvarse, aquí: inclinarse hacia delante.

jaleo, ruido.

displicente, que muestra poco interés o mal humor.

Es lo de menos. No tiene ninguna importancia.

Con tal de que se te pasen las penas... Si tú ya no estás triste...

perplejo, confuso, que no sabe qué hacer en una situación concreta.

impedimento, obstáculo.

casual, (suceso) que no ocurre por costumbre, que es inesperado.

fastidioso, molesto.

boquiabierto, con la boca abierta a causa de una sorpresa inesperada.

-Quiero decir exactamente lo que he dicho: que sin ella y yo no hay argumento, no hay historia, ¿entiende?

-Pero espere un momento, señora -dijo el chico, confuso-. Le ruego que me enseñe su carnet.

-¿El carnet? ¿Qué carnet...? Por favor, no me ofenda. 5 Exijo una explicación. Yo soy *madame Bartholdi*. ¿Usted cómo se llama?

-Norman, señora.

-¿Norman...? No lo conozco. Debe haber un error aquí. 10

-Puede ser... -dijo el chico, *a aquellas alturas* ya totalmente *desconcertado*-. *En tal caso*, perdone. Pero, si no le importa, voy a consultar con el director.

-Haga *lo que mejor le parezca*. La ignorancia es muy atrevida. Vamos, Sara. 15

Norman, que había sacado del bolsillo un 'walky-talky' negro pequeñito, y trataba de establecer *infructuosamente* comunicación con un tal mister Clinton, *echó una* última *mirada* a las extrañas visitantes, suspiró, miró su reloj de pulsera y se metió en el *local apresura-* 20 *damente*.

Ellas le siguieron.

Norman no se daba cuenta de que él mismo iba

Madame Bartholdi, ver nota en el capítulo 10, pág. 129.
a aquellas alturas, aquí: en aquel momento.
desconcertado, sorprendido y sin saber cómo reaccionar.
en tal caso, si es así.
Haga lo que mejor le parezca. Haga usted lo que quiera o lo que crea conveniente.
infructuosamente, sin éxito.
echar una mirada, mirar.
el local, aquí: el restaurante.
apresuradamente, rápidamente.

abriéndoles paso entre el *gentío*.

-¡Qué divertido! -dijo Sara-. Nos ha dicho que no entremos, y nosotras hemos entrado.

-Claro. Nunca hay que hacer caso de las prohibicio-
5 nes -dijo miss Lunatic-. No suelen *tener fundamento*. Tú anda con *naturalidad*. Así, hablando conmigo. Y atenta al coche.

-¡Están rodando una película! -dijo la niña, absolutamente *maravillada*-. Mire esos *raíles*, y el silloncito
10 con el señor que va *montado encima*...! Parece un *muñeco*, ¿verdad?

-Sí, hija, *talmente*; pero *cuidado con esos cables*. Mira, allí arriba parece que hay una mesita libre. Vamos.

Norman había llegado al final de los raíles, junto al
15 sillón metálico donde iba montado aquel señor que a Sara le había parecido un muñeco. Era un hombre muy *flaco*, con gafas y el pelo gris *ensortijado*. Se inclinó para escuchar las explicaciones del chico de la gorra a cuadros y miró hacia la derecha del local.

20 -¡Nos está señalando con el dedo el chico de la puer-

---

abrir paso a alguien, apartar a otras personas para que pueda pasar alguien.

gentío, gran cantidad de personas.

tener fundamento, tener un motivo.

la naturalidad, sencillez, normalidad.

maravillada, asombrada, admirada.

el raíl, los raíles, carril o vía por donde circula un tren, un tranvía...

montado encima, sentado en.

muñeco, juguete en forma de persona que tienen muchos niños.

talmente, familiar: exactamente.

cuidado con, atención a (algún posible peligro).

el cable, hilo de metal para transportar la corriente eléctrica.

flaco, muy delgado.

ensortijado, (*pelo*) rizado en forma de anillos.

114

ta! -le comunicó Sara a miss Lunatic, presa de excitación.

-Estaba mirando por si veo a una *camarera* que yo conozco, pero hay tanto jaleo hoy que *sabe Dios* dónde andará... Es que éste no era el sitio adonde yo te pensaba traer. Este local es muy caro.

-¡No importa! ¡Yo tengo dinero! -replicó la niña vivamente, palpándose la bolsita de raso que traía metida por dentro de la camiseta-. Yo la invito a lo que quiera...

-¡Pero es maravilloso, Norman! -le estaba diciendo el hombre del pelo gris con *rizos* al chico de la gorra visera-. ¿De dónde las has sacado? ¡Justo lo que yo buscaba, lo que hacía falta para darle contraste al ambiente, *el toque exótico*...!

A Norman se le iluminaron los ojos, y aprovechó la ocasión para *hacer méritos* ante su jefe.

-Las vi pasar -*mintió*-, y se me ocurrió que tal vez pudieran interesarle. *Cuestión de olfato*. Celebro haber acertado.

-Un *acierto genial*, querido Norman. Genial. ¡Pero míralas! Y luego los collares que lleva la vieja entre esas bufandas, y el cochecito. Por favor... ¡Si parecen inven-

---

camarera, mujer que sirve comidas y bebidas en un restaurante.
Ver ilustración en pág. 111.
Sabe Dios... No se puede saber...
rizo, parte del pelo en forma de sortija o anillo.
el toque exótico, aquí: ambiente extraño, raro.
hacer méritos, aquí: demostrar (al jefe) que lo que se hace merece un premio.
mentir, decir algo que no es verdad.
Cuestión de olfato. familiar: Lo he descubierto yo (viendo a la señora y a la niña).
acierto, buena solución.
genial, aquí: muy inteligente, extraordinario.

tadas por *Fellini*...! Que las siga *la cámara* disimulada-
mente, *fingiendo* que es una *panorámica*, y que Charlie
procure captar fragmentos de lo que digan...

-Bueno -dijo Norman-. Puede estar usted tranquilo.

5 -Que les sirvan lo que quieran. Es una maravilla; me
van a resolver varios tramos que en *el guión* quedaban
muy muertos, sosos... En fin, no perdamos más tiempo.

-¿Qué es esa madera negra con un número pintado
en blanco que lleva el señor de la barba? -le preguntó

10 Sara a miss Lunatic.

-*La claqueta.* ¿Ves?, ahora la tiene abierta. En cuanto
la cierre, quiere decir que empiezan a *rodar*.

-¿Cómo sabe usted tantas cosas?

claqueta

(*Federico*) *Fellini*, famoso director italiano de cine; en muchas de sus
películas ("La dolce vita", "Las noches de Cabiria", "Ocho y medio"...)
figuran numerosas escenas exóticas y especialmente originales.
la cámara, aparato para hacer fotografías o para filmar una película.
fingir, hacer creer algo que no es cierto.
panorámica, fotografía o escena de una película que refleja casi todo lo
que está alrededor.
procurar, esforzarse en.
captar, aquí: grabar lo que está diciendo alguien.
fragmento, parte.
el guión (de la película), texto con todos los diálogos y otros detalles de
la película.

116

-Hija, de tanto *rodar* también yo, pero *por el mundo*.
Llegaba en aquel momento una camarera con los patines puestos. Se acercó muy sonriente a la mesa.

-¿Es la que usted conoce? -preguntó Sara.

-No. Pero parece que *viene en buen plan*.   5

-¡Qué bien *patina*! -dijo Sara mirándola con *envidia*.

-¿Qué van a tomar ustedes? Están invitadas por mister Clinton.

Miss Lunatic miró en la dirección que le señalaba la camarera y notó que el director del pelo gris y rizado la   10
saludaba con un leve gesto de la cabeza.

-Mira qué suerte -le dijo a la niña en voz baja-. Parece que le *hemos caído bien* al muñeco.

-Yo quiero un *batido de chocolate* -dijo Sara.

-¿Doble o sencillo?   15

-Tráigaselo doble -dijo miss Lunatic-. Si sobra, lo dejas. Y a mí un *cóctel de champán*.

¡Silencio! ¡Preparados! ¡*Secuencia* cuatro! ¡¡Acción!!
Y se oyó el golpe seco de la claqueta al cerrarse.

El reloj del local marcaba las ocho menos cuarto, en   20
la calle *el conato de nieve* había *cesado*, y miss Lunatic

---

rodar (una película), filmar.

rodar por el mundo, recorrer (normalmente a pie) muchos lugares del mundo.

Viene en buen plan. familiar: Parece que quiere ayudarnos.

patinar, caminar con patines.

envidia, sentimiento de tristeza o rabia por no tener algo que se desea y que otros tienen.

Hemos caído bien a... Parece que... nos mira con simpatía.

batido de chocolate, bebida con leche y chocolate.

el cóctel de champán, bebida con champán y algún otro licor.

secuencia, parte de una película.

conato de nieve, cuando comienza a nevar un poco.

cesar, terminar.

117

llevaba mediado su segundo cóctel de champán.

Frente a ella, su compañera, con los ojos bajos, jugueteaba con la servilleta, en la que se advertían *manchas* de chocolate, se había quitado el impermeable y lo tenía colgado en *el respaldo* de la silla. Pero *el traje de punto* también era rojo. *Igual que* sus mejillas *sofocadas*.

-Anda, sigue, bonita -dijo miss Lunatic, tras una larga pausa.

-Bueno, no hay mucho más que contar -dijo Sara-. El resto ya se lo puede imaginar usted. Esta tarde, aprovechando una ausencia de la señora Taylor, he bajado a casa, he cogido la tarta y *me he escapado*. Llevaba años soñando con montarme yo sola en el metro para ir a Morningside a ver a la abuela... Lo que pasa es que, al llegar a la estación de Columbus, *me entró la tentación de* salir un ratito a ver Central Park, y no pude *resistirme* a ella... Pero de pronto, cuando me encontré andando sola camino de la salida entre tanta gente que no conocía, *me fallaron las fuerzas* y no sé lo que me pasó, *me desinflé*... Fue cuando usted se me apareció allí.

-Hablas como si hubieras visto a un santo...

-Claro! -exclamó Sara muy excitada-. Es que es eso,

Llevaba mediado... Ya había tomado la mitad de...

juguetear, entretenerse jugando con algún objeto.

mancha, señal de suciedad (en la ropa).

respaldo, parte de la silla donde se apoya la espalda.

el traje de punto, vestido de lana.

igual que, lo mismo que.

sofocadas, rojas y sudorosas a causa del calor.

escaparse, marcharse (aquí: de casa) sin que lo noten otras personas.

Me entró la tentación de... Sentí fuertes deseos de... (hacer algo prohibido).

resistirse a, oponerse, dejar de hacer.

Me fallaron las fuerzas. Sentí que ya no tenía fuerza (para hacer algo).

desinflarse, familiar, aquí: perder la fuerza.

eso exactamente fue lo que sentí... Me encontraba muy mal... Ahora que lo pienso, no lo entiendo...

-¿No sería miedo a la Libertad? -preguntó miss Lunatic solemnemente.

Y al hacer esta pregunta levantó el brazo derecho y 5
lo mantuvo unos instantes en alto, como si sujetara una antorcha *imaginaria*. Sara *experimentó* una leve inquietud al reconocer el gesto de la estatua. Miss Lunatic lo había imitado muy bien.

-Pues sí, seguramente sería eso... 10

Hubo un silencio. Volvieron a bajar al mismo tiempo la mujer el brazo y la niña los ojos. Encima de la mesita estaba abierto el plano que un día el señor Aurelio le regaló a Sara. Uno de los dedos de miss Lunatic, *partiendo de* Central Park, se puso a seguir un *itinerario* 15
caprichoso sobre el papel y, después de *trazar* varios círculos, *vino a detenerse* en la islita del sur, donde se veía dibujada en pequeño la estatua de metal *verdoso* con su corona de pinchos y su antorcha en la mano. De pronto, la mano de la mujer, que estaba sentada enfrente, 20
avanzó despacio a través de la mesa y vino a *posarse* sobre la de la niña.

-¿Y ahora ya no tienes miedo, Sara Allen? -preguntó con una voz distinta, completamente distinta.

Sara movió negativamente la cabeza, y notó que la 25
presión de aquella mano sobre la suya se acentuaba. La

imaginario, que solamente existe en la fantasía de alguien.
experimentar, aquí: sentir.
partiendo de, empezando en.
itinerario, camino.
trazar, señalar (con un lapicero, con la mano...).
Vino a detenerse en... Se paró en..., Se detuvo en...
verdoso, de color algo verde.
posarse, colocarse (encima de).

mano de miss Lunatic no tenía arrugas como antes, era más blanca y alargada y el *tacto* de su palma se notaba muy suave.

-Pero no me miras. Y tienes los dedos muy fríos, 'ma cherie'... ¿En qué estás pensando?

-No me atrevo a decirlo -susurró Sara.

-¡Dilo! -le ordenó la voz.

-Bueno, pues... me estoy dando cuenta de que antes dijo usted... Bueno, dijiste... que habías sido la musa de un artista... Y luego al chico de la puerta que te llamas madame Bartholdi..., sí, lo dijiste..., me acuerdo bien... Yo ayer a estas horas estaba leyendo un libro que se titula "Construir la libertad"...

-¡Sigue! -pidió ansiosa aquella voz-. Por favor te lo pido.

-Pues eso, que de repente creo que lo he entendido todo -siguió Sara *con un hilo de voz*-. ¡Sí, lo he entendido todo! No sé cómo..., como se entienden los milagros. Porque eso es lo que pasa, que tú, madame Bartholdi..., ¡tú eres un milagro!

-*Dios te bendiga*, Sara Allen, por haberme reconocido -dijo madame Bartholdi, mientras *depositaba un beso* en *la manita* de la niña-; por haber sido capaz de ver lo que otros nunca ven, lo que nadie hasta hoy había visto.

Sara levantó la vista del plano *arrugado* de Manhattan y de la servilleta con manchas de chocolate, y durante unos segundos vio ante sus ojos, rodeado de un

---

tacto, aquí: sensación (al contacto con una mano).
con un hilo de voz, en voz muy baja.
Dios te bendiga. aquí: Que Dios te proteja; Que tengas suerte en la vida.
depositar un beso, besar suavemente.
la manita, la mano pequeña.
arrugado, (papel o ropa) doblado a causa del uso.

fogonazo resplandeciente, el rostro *inconfundible* de la estatua. Pero ahora no la tenía lejos, sino al lado, sonreía y le estaba besando a ella la mano.

Sara cerró los ojos, *cegada* por aquella visión, y, cuando volvió a abrirlos, miss Lunatic había *recuperado* su aspecto habitual. Además se había puesto de pie y estaba insultando a alguien. Sara sintió mucho calor cerca de su espalda. No entendía nada. Luego notó que se apagaban unos *focos* muy *potentes* que las habían estado iluminando.

-¡Pero *se pueden ir todos ustedes al diablo* y dejarnos en paz? Vamos, Sara, salgamos de aquí. *Nos tienen cercadas...* Los he visto, *los vengo viendo* avanzar *cautelosamente* desde hace un rato con sus cacharros..., sí, a usted también, a ver si se cree que por ser vieja soy tonta, a usted se lo digo sobre todo, mister Clinton. ¡*La intimidad* de miss Lunatic no se compra con dos cócteles de champán y un batido de chocolate! Coge el cochecito, hija...

Sara, que, obedeciendo a un *impulso espontáneo* de

fogonazo, luz muy fuerte que dura muy poco tiempo.
resplandeciente, brillante.
inconfundible, que se distingue claramente de los demás.
cegar, quitar la vista.
recuperar, volver a tener.
foco, ver ilustración en pág. 111.
potente, fuerte.
Se pueden ir al diablo. expresión familiar para rechazar decididamente a otra persona.
Nos tienen cercadas. aquí: Nos rodean por todas partes.
los vengo viendo, hace tiempo que los veo.
cautelosamente, con cuidado (y haciendo poco ruido) para que no los veamos.
la intimidad, aquí: las palabras y los sentimientos personales.
impulso, aquí: sentimiento.
espontáneo, natural y sin haber pensado antes en ello.

solidaridad con su amiga, se había puesto de pie, miró *aturdida* a su alrededor. Casi junto a su mesa, montado en su *silletín alzado sobre* unos raíles, el hombre-muñeco de pelo rizoso se inclinaba hacia miss Lunatic balbu

5 ceando torpes excusas.

-Por favor, señora, no se enfade... Hay un *malentendido*... Les pensamos pagar su trabajo... ¡Muy bien, además...! Si quiere -añadió bajando un poco la voz-, podemos establecer ahora mismo las condiciones

10 económicas... Pero no se vaya.

-¡Claro que me voy! ¡*Ahora mismo*! ¡*Poner precio a* la Libertad, *es el colmo*!

Todos los *ocupantes* del local estaban mirando en aquella dirección, pero Sara *comprobaba* con sorpresa

15 que *no le daba vergüenza ninguna*. Estaba orgullosa de conocer el secreto de miss Lunatic y de ser su amiga incondicional: porque además tenía razón. ¿Quiénes eran ellos para meterse en una conversación privada?

-¡Por favor, señora, no se vaya! ¡Habla tú con ella,

20 Norman! ¿No decías que había aceptado tu *trato*? ¡Ofrécele mil dólares! ¡Dos mil!

---

la solidaridad, sentimiento de identificación con alguien o con algo que interesa a otra persona.

aturdida, que no oye bien lo que pasa a su alrededor.

el silletín, la silla pequeña.

alzado sobre, familiar: colocado a más altura.

malentendido, interpretación falsa (de palabras o de hechos).

¡*Ahora mismo*! ¡Inmediatamente!; ¡En este momento!

poner precio a, querer comprar.

Es el colmo. Es intolerable.

los ocupantes, las personas presentes.

comprobar, confirmar, darse cuenta de algo.

No le daba vergüenza ninguna. No tenía el sentimiento de haber hecho algo malo.

trato, aquí: acuerdo entre dos personas sobre un asunto concreto.

122

-¡Yo no he tratado con este joven para nada, ni pienso tratar! -aseguró *desdeñosa* miss Lunatic.

Y, dirigiéndose a la camarera, que había acudido velozmente sobre sus patines, dijo en voz alta y firme:

-*La nota*, señorita, por favor.

-Están ustedes invitadas -contestó ella, sonriendo.

-¡*Nada de eso*! Díganos inmediatamente qué le *debemos*.

Cruzó una mirada de inteligencia con Sara, que ésta *recogió al vuelo*.

-¿No me ibas a invitar tú, hija mía?

Y la niña se metió la mano en *el escote*, sacó una bolsita de raso con lentejuelas y le *aflojó los cordones*.

-Por supuesto, madame -dijo.

Y luego, mirando con naturalidad a la camarera, le preguntó:

-¿Qué se debe, por favor, de dos cócteles de champán y un batido grande de chocolate?

-Cincuenta dólares, señorita -contestó la patinadora.

-¡Qué exageración! ¡No se te ocurra dejar ni un *centavo de propina*!

---

desdeñosa, con desprecio.

nota, aquí: la factura con el precio.

¡*Nada de eso*! ¡No lo acepto!

deber, aquí: tener que pagar.

recoger (*una mirada*) *al vuelo*, darse cuenta rápidamente de algo solamente con mirar a otra persona.

el escote, abertura en un vestido o en una blusa que deja parte del pecho al descubierto.

aflojar, soltar o abrir un poco.

los cordones (*el cordón*) de la bolsa, cuerdas finas que sirven para cerrar una bolsa.

centavo, céntimo de dólar.

propina, cantidad de dinero que se da, además del precio, por un servicio (especialmente en restaurantes, taxis...).

Luego, arrastrando entre las dos el cochecito y *sin atender a más razones*, alcanzaron la puerta y salieron del local. La gente se iba apartando a su paso, como cuando llegaron, pero ahora en religioso silencio.

5 -¡¡*Que las siga alguien*!! ¡¡*Que las traigan*!! -gritó mister Clinton, *sin dirigirse a nadie en particular*.

Al señor Clinton *le sobrevino un auténtico ataque de nervios*. Parecía más que nunca un muñeco mecánico *con los tornillos flojos*.

10 -¡Eres un *imbécil*, Norman! ¡Un completo *imbécil*! ¡Vete por ellas! ¿Me has oído? Y tráemelas inmediatamente, aunque sea *a rastras*!

-*Se dice fácil*, señor -musitó Norman.

-Claro, *te resulta más fácil meterme mentiras*.

15 Norman salió corriendo a la puerta. Miró en todas direcciones. Sara Allen y madame Bartholdi habían *desaparecido*.

---

sin atender a más razones, sin escuchar otros argumentos.
¡*Que las siga alguien*! ¡Alguien debe ir detrás de ellas!
¡*Que las traigan*! ¡Hagan todo lo posible para que vuelvan!
sin dirigirse a nadie en particular, hablando con todos los presentes.
Le sobrevino un ataque de nervios. Se puso de repente visiblemente nervioso.
con los tornillos flojos, se refiere a un muñeco mecánico que no tiene bien sujetos los brazos, las piernas, la cabeza...
imbécil, tonto, estúpido.
a rastras, a la fuerza.
Se dice fácil. Es fácil decirlo (pero no es tan fácil hacerlo).
te resulta fácil, es más fácil para ti.
meter mentiras, familiar: contar algo que no es verdad.
desaparecer, marcharse.

DIEZ

Un *pacto* de sangre.
Datos sobre el plano para llegar a la Isla de la Libertad

Llevaban un rato andando en silencio, con el cochecito entre las dos. Acababan de cruzar un semáforo y ahora iban por una acera peor iluminada, *bordeando* la alta 5
verja de hierro que rodea la parte oeste de Central Park.
Al otro lado se veían edificios sólidos y lujosos, porteros
uniformados... Había cesado el viento y no nevaba.
    Sara se detuvo junto a un *farol* iluminado.
    -Oye, madame Bartholdi. 10
    -Dime, *preciosa*.
    -¿De verdad estás segura de que los hombres esos no
te vieron convertirte en estatua?
    Miss Lunatic sonrió.
    -Completamente segura. Hay cosas que sólo pueden 15
ver los que tienen, como tú, los ojos limpios.
    -O sea que tú vives dentro de la estatua.
    -Por el día sí. *Envejezco* allí dentro para *insuflarle vida*
a ella, para que pueda seguir siendo la antorcha que ilu-
mine el camino de muchos, una diosa joven y sin arru- 20
gas.
    -¿Como si fueras su espíritu? -preguntó Sara.
    -Exactamente. Pero estoy deseando que se haga de

pacto, acuerdo entre dos personas sobre un determinado asunto.
bordear, aquí: caminar junto a (la verja del parque).
uniformado, con un traje o uniforme especial.
el farol, luz en las calles para poder ver de noche.
preciosa, guapa, simpática.
envejecer, hacerse viejo.
insuflar vida a, transmitir o dar vida a.

noche para salir a trotar por Manhattan. En cuanto dejan de llegar turistas, le enciendo las luces de la corona y de la antorcha y, bueno, atiendo a mil *detalles* rutinarios que llevan bastante tiempo. Luego me aseguro de que está dormida y se acabó; *me largo yo* aquí *por mi cuenta*. Por cierto -añadió miss Lunatic-. No estará preocupada tu abuela.

-No. Ya te he dicho que la llamé por teléfono antes de salir y sabe que iba a entretenerme un poco porque quería darme una vuelta por Central Park. Me espera despierta. A ella *no le dan ni pizca de miedo* los parques, baja mucho al de Morningside, y *eso que dicen* que es tan peligroso. Por cierto, ¿sabes tú si han cogido al *vampiro* del Bronx?

-Hasta ayer por lo menos no. Se me ha olvidado preguntárselo al señor O'Connor... Pero oye, Sara, *ahora que lo pienso*, ¿y si vuelve la señora Taylor?

-Pues nada, le he dejado una nota diciéndole que se había presentado a buscarme la abuela y que me quedaría a dormir en su casa. Tardará, porque se han ido al cine, y Rod duerme en casa de unos primos. Si telefonea a Morningside, la abuela, que ya *está compinchada conmigo*, le dirá lo mismo. Sé que le va a *sentar mal*, pero

---

el detalle, parte pequeña.

largarse, familiar: marcharse de un lugar.

por mi cuenta, sin decir nada a nadie.

No le dan ni pizca de miedo. No tiene ningún miedo.

Eso que dicen que... A pesar de que dicen que...

vampiro, ser fantástico que vive por las noches y se alimenta, según la leyenda, de la sangre de otras personas; aquí: asesino.

Ahora que lo pienso... Estoy pensando en este momento...

estar compinchado con alguien, estar de acuerdo con una persona sin que lo sepan los demás.

sentar mal, aquí: no gustar.

me importa un rábano; ella *no es nada mío*.

-Perfecta *coartada* -sonrió miss Lunatic.

-Oye, madame Bartholdi.

-Dime, preciosa.

-¿Cómo haces para salirte de la estatua sin que nadie 5
te vea y llegar a Manhattan?

El cochecito que las separaba *se detuvo en seco*. Miss
Lunatic miró alrededor. No pasaba nadie.

-Es un secreto -dijo-. No se lo he contado nunca a
nadie. 10

-Te juro -aseguró la niña muy seria- que, *pase lo que
pase*, no se lo voy a contar nunca a nadie, ni a mi abuela..., ni siquiera a mi novio cuando me enamore.

-A un novio menos que a nadie, por Dios, hija, los
hombres *se van mucho de la lengua*. 15

-Bueno, pues a nadie. ¿Tienes un *imperdible*? Ahora
te digo para qué, ya verás.

imperdible

-Vaya, *menos mal que* me estoy divirtiendo con
alguien. Me paso la vida dándoles yo sorpresas a los
demás. Toma, aquí lo tienes. No sé por qué los llaman 20

Me importa un rábano. familiar: No tiene ninguna importancia para mí.
No es nada mío. aquí: No es de mi familia.
coartada, prueba con la que el acusado demuestra que no ha estado en
el lugar de un suceso.
detenerse en seco, dejar de repente de andar.
pase lo que pase, aunque haya problemas o dificultades.
Se van mucho de la lengua. familiar: No son capaces de guardar un
secreto y lo cuentan a otros.
menos mal que... es una suerte...

imperdibles, si siempre se pierden.

Había sacado uno de regular tamaño y se lo tendió a Sara. Ella lo abrió y se lo clavó con decisión en *la yema* del *dedo índice*. Enseguida *brotó* sangre.

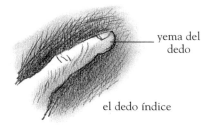

yema del dedo

el dedo índice

5 -Ahora tú -dijo devolviéndoselo a miss Lunatic.

-A mí ya no me sale nunca sangre ni de los dedos ni de la mismísima *yugular*. Pero espera que *me concentre*.

Dejó la mano izquierda *en suspensión* por encima del cochecito y Sara vio que *insensiblemente* perdía su tem-
10 blor y desaparecían los *nudos que deformaban* aquellos viejos dedos. Inmediatamente, la mano derecha, igualmente *rejuvenecida*, apareció *blandiendo* el imperdible, que se clavó en un dedo de la otra.

-¡Date prisa! Ahora no pierdas tiempo en mirarme
15 hasta que yo te dé permiso -dijo la voz Bartholdi, que Sara ya había oído en el café de las patinadoras.

brotar, aquí: salir.
la (vena) yugular, la vena (las dos venas) situada a los lados del cuello.
en suspensión, aquí: levantada.
insensiblemente, sin notarlo apenas.
nudo, aquí: pequeñas deformaciones en los dedos de la mano en algunas personas de mucha edad.
deformar, dar una forma no normal.
rejuvenecida, con aspecto de joven.
blandir, mover en el aire.

128

La niña obedeció y *se aplicó a* la tarea de apretar fuertemente la yema de su dedo contra la de aquel otro suave y blanquísimo. Fue *cuestión de instantes*. Las sangres se mezclaron, y una gota *cayó a manchar* la servilleta de cuadros que cubría la tarta.

-A quien dices tu secreto, das tu libertad, nunca lo olvides, Sara. Y ahora vamos, hija, que aquí paradas se nota mucho frío.

Pero la voz que estaba pronunciando aquellas palabras ya no era la de *la musa del escultor Bartholdi*.

-Oye, madame Bartholdi.

-Dime, guapa.

-¿Has leído "Alicia en el país de las maravillas"?

-Claro, muchas veces. Fue escrito veinte años antes de que trajeran la estatua a Manhattan, en 1865. Pero bueno, *eso da igual*, las fechas me deprimen... ¿Por qué me lo preguntas?

-Es que me estaba acordando de cuando la *Duquesa* le dice a Alicia que todo tiene una moraleja, si uno sabe descubrirla, y luego le saca una moraleja que es un *jeroglífico*. ¿Te acuerdas tú?

-Sí -dijo miss Lunatic, apretando el paso-, es en el

aplicarse a, dedicarse con atención a.
(*la*) *cuestión de instantes*, en muy poco tiempo.
cayó a manchar, cayó y manchó.
la musa del escultor Bartholdi, la madre del escultor, Auguste Frédéric Bartholdi, sirvió de modelo a su hijo para crear la estatua de la Libertad (ver también nota en el capítulo 1, pág. 10).
Eso da igual. No tiene importancia.
deprimir, quitar la alegría.
duquesa, mujer que tiene un título nobiliario (entre príncipe y marqués; aquí se trata de una de las figuras de "Alicia en el país de las maravillas").
jeroglífico, aquí: juego de palabras.

capítulo nueve, la historia de la *tortuga* artificial: "Nunca te imagines ser diferente de lo que a los demás pudieras parecer o hubieras parecido que fueras, si les hubieras parecido que *no eras lo que eres*"...

5   -Eso mismo. ¡Qué buena memoria tienes! Pero en lo que estaba pensando yo es en la respuesta de Alicia: "Creo que eso lo comprendería mejor -dijo Alicia *con mucha delicadeza*- si lo viera escrito, pero dicho así no puedo *seguir el hilo*". Igual me pasa a mí contigo, lo mis-
10 mo que le pasaba a Alicia con la Duquesa: que *pierdo el hilo*.

Miss Lunatic se echó a reír.

-Pero no pretenderás que yo me ponga a escribir todo lo que voy diciendo para que tú *tomes apuntes*. Además
15 tengo la buena costumbre de olvidarme de lo que digo.

-Yo en cambio -dijo la niña- no pierdo una palabra.

-Pues con eso es suficiente. Sigamos. *¿Por dónde íbamos?*

-Creo que me ibas a contar cómo haces para salirte
20 de la estatua.

-Ah, ya... Tengo un pasadizo secreto por debajo del agua.

-¿Cómo el del metro? -preguntó Sara, fascinada.

-Parecido, pero más estrecho, claro. Comunica exac-

---

tortuga, animal (marino o terrestre) con un caparazón muy duro, que camina muy despacio.

"*... no eras lo que eres...*", significado de este jeroglífico: las demás personas se forman una opinión sobre ti - no pienses tú que no tienen razón - aunque esas personas tengan una opinión falsa sobre ti...

con mucha delicadeza, con mucho cuidado.

seguir el hilo, familiar: entender una conversación.

perder el hilo, familiar: no poder seguir o entender una conversación.

tomar apuntes, escribir o anotar lo que dice otra persona.

¿Por dónde íbamos? ¿De qué estábamos hablando?

tamente la base de la estatua con Battery Park; sabes dónde está, ¿no?

-¿Battery Park? Sí -dijo la niña-, en la parte de abajo del jamón. Pero, *¿te metes de cabeza?* ¿Y cómo vas? ¿Y no *te rozas contra* las paredes? ¿Y por dónde sales? 5

-A ver, *cosa por cosa.* Saca el plano. Te señalaré el punto exacto por donde salgo y vuelvo a entrar.

Se pararon debajo de otro farol, y Sara desplegó el plano sobre el cochecito.

Miss Lunatic le fue marcando con el dedo el itinera- 10
rio de su pasadizo *subacuático* desde la islita de la Libertad hasta un lugar de Battery Park, *lindando* ya *con* City Hall, el barrio de los *financieros.*

-Atiende, fíjate bien. ¿Ves ahí una cruz pequeña? Es la iglesia de *Nuestra Señora del Rosario.* Ahora cruza 15
esta raya marrón y estás en Battery Park. ¿Ves *la estación terminal* del ferry a la isla? Pues justo entre la iglesia y la terminal del ferry, ahí verás una *boca de alcantarilla* pintada de rojo con un *poste* pequeño al lado. El poste, cerca de su base, tiene una ranura por donde se 20
introduce esta moneda. Toma. Guárdala.

¿Te metes de cabeza? ¿Entras allí primero con la cabeza?
rozarse contra/con, pasar muy cerca de (la pared) y así quizás hacerse daño.
cosa por cosa, aquí: contestar por separado cada una de las preguntas (de la niña).
subacuático, por debajo del agua.
lindar con, en el límite de.
(*los*) *financieros*, personas que trabajan en la inversión del dinero.
Nuestra Señora del Rosario, una iglesia de Nueva York.
la estación terminal, la estación final.
la boca de (la) alcantarilla, la entrada de la alcantarilla.
el poste, piedra o madera colocada verticalmente y que sirve de señal o de apoyo.

Sara cogió con gesto *incrédulo* la moneda de tonos verdosos que le daba miss Lunatic. Eran demasiadas cosas. ¿No estaría soñando?

-¿Para qué me das esta moneda? -preguntó emocio-
5 nada.

-¿Tú qué crees?

-Yo creo que para que pueda volver a verte cuando quiera.

-Eres *lista como un rayo*. Tiene razón tu abuela. Pues
10 ya te digo, la metes en la ranura y la tapa de la alcantarilla *se descorre* despacito; sólo se abre con este tipo de moneda...

-Pero bueno -dijo Sara-, ¿se abre la tapa, aparece el túnel y qué? ¡Hay asientos o algo?

15 -No. Es mucho más agradable. Dices una palabra que te guste mucho, echas las dos manos por delante, como cuando *te tiras a una piscina*, y tú no tienes que hacer nada más. Enseguida se establece una *corriente de aire templado* que te *sorbe* y te lleva por dentro del túnel
20 como volando. Y, para volver, lo mismo.

Anduvieron un rato en silencio. Ya se veían cerca las luces de Columbus Circle, delante de la *puerta* principal *de acceso* a Central Park.

-Oye, madame Bartholdi.

25 -Dime, preciosa.

incrédulo, que no cree en algo.
lista como un rayo, muy inteligente y rápida.
descorrer(se), moverse y abrirse.
tirarse a una piscina, meterse de golpe con todo el cuerpo en el agua de una piscina.
la corriente de aire, movimiento (fuerte) del aire.
templado, ni frío ni caliente.
sorber, aquí: empujar hacia delante (la corriente de aire).
puerta de acceso, puerta de entrada.

132

-¿Y dónde dejas el cochecito?

-Creo que efectivamente puedes llegar a escribir *novelas policíacas* bastante *estimables*. Hay una *casetita* de madera como para un perro, justo frente a la iglesia de Nuestra Señora del Rosario, detrás de un árbol. Yo tengo la llave. Precisamente por esa caseta, que está pintada de gris, te puedes *guiar* para encontrar *la tapa de la alcantarilla*. Son cincuenta pasos en dirección sudoeste. Ya he visto que llevas *brújula*. ¿Alguna pregunta más?

brújula

-¡Oh, sí, muchísimas! Pero no sé por dónde empezar.

-Cállate un ratito y piensa. O mejor, no pienses en nada. Es lo que más descansa.

Miss Lunatic cambió el cochecito de sitio y se puso a empujarlo ella sola con la mano derecha, mientras le daba a Sara la izquierda. Empezó a canturrear una canción que decía:

Plaisir d'amour
ne dure qu'un moment;
chagrin d'amour
dure toute la vie...

---

novela policíaca, novela cuyo argumento gira en torno a una investigación llevada por policías o detectives.

estimable, aquí: de valor, interesante.

casetita (*caseta*), pequeña habitación aislada (sirve, en general, para guardar las herramientas o los aperos de un jardín).

guiar, conducir.

la tapa de la alcantarilla, la entrada de la alcantarilla.

... dure toute la vie, "El placer del amor / sólo dura un momento; / la pena de amor / dura toda la vida."

Se despidieron a la puerta de Central Park. Miss Lunatic creía que ya *se le había hecho tarde* para la *cita* que tenía con un señor.

-No quiero que te vayas, madame Bartholdi. ¿Qué
5 voy a hacer sin ti? Me quedo como metida en un *laberinto*.

-Procura encontrar tu camino en el laberinto -le dijo ella-. Quien no ama la vida, no lo encuentra. Pero tú la amas mucho. Además, aunque no me veas, yo no me
10 voy, siempre estaré a tu lado. Pero no llores.

Sara *se empinó* para darle un beso. No podía evitar el llanto.

-Y no olvides una cosa -le dijo miss Lunatic-. No hay que mirar nunca para atrás.

15 -No me digas más cosas, madame Bartholdi.

-Bueno, tenía una frase muy bonita para despedirme. Pero la llevo escrita porque es como una oración. Así que tómala y la lees por la noche, cuando estés en la cama.

20 Sara sacó la bolsita de raso y metió en ella la moneda y el *papelito doblado* que miss Lunatic le acababa de dar. Luego la abrazó de nuevo y se echó a correr hacia la gran puerta de *hierro forjado* que da acceso a Central

---

hacerse tarde, ser demasiado tarde.
cita, el encuentro con otra persona en un lugar y a una hora determinados.
laberinto, lugar (con muchos caminos cruzados) donde no es fácil encontrar la salida.
empinarse, levantarse un poco sobre los pies.
papelito (el *papel*) *doblado*, pequeño papel no extendido.
hierro forjado, hierro elaborado con determinadas formas (por ejemplo para un balcón, una verja...).

134

Park. Cuando estaba a punto de *franquearla*, oyó a sus espaldas una voz que le decía:

-¡Vuelve, Sara! ¡Toma! ¡Se te olvida la cesta!

ONCE

Caperucita en *Central Park*

Sara se encontró sola en un claro de árboles de Central Park; llevaba mucho rato andando *abstraída*, sin dejar de pensar, *había perdido la noción del tiempo* y estaba cansada. Vio un banco y se sentó en él, dejando al lado la cesta con la tarta. Aunque no pasaba nadie y estaba bastante oscuro, no tenía miedo. El encuentro con miss Lunatic le había dejado en el alma un *rastro de irrealidad* parecido al que experimentó al salir de aquellas fiebres y acordarse de que a Aurelio ya nunca lo iba a conocer. Pero no, no era igual, porque a miss Lunatic no sólo la había conocido, sino que había reconocido debajo de su *disfraz* de mendiga a la Libertad en persona. "A quien dices tu secreto, das tu libertad." ¡Qué bonitas frases sabía! ¿Se las había dicho de verdad?

franquear, atravesar, pasar por.
abstraída, concentrada en lo que hace.
perder la noción del tiempo, olvidarse de que el tiempo pasa.
rastro, huella; aquí: recuerdo.
la irrealidad, algo que en realidad no ha sucedido.
el disfraz, ropa que se lleva (por ejemplo en Carnaval) para parecer distinto a la realidad.

135

Estaba tan *absorta* en sus recuerdos y *ensoñaciones* que, cuando oyó unos pasos entre *la maleza* a sus espaldas, se figuró que sería el ruido del viento sobre las hojas o *el correteo* de alguna *ardilla*.

ardilla

5 Por eso, cuando descubrió los zapatos negros de un hombre que estaba de pie, *plantado* delante de ella, *se llevó un poco de susto*.

Pero, al alzar los ojos para mirarlo, sus temores *se disiparon* en parte. Era un señor bien vestido, con sombrero gris y *guantes de cabritilla*, sin la menor *pinta de asesino*. Claro que en el cine ésos a veces son los peores. Y además no decía nada, ni se movía apenas. De pronto sonrió. Y Sara le devolvió la sonrisa.

-¿Qué haces tú aquí tan sola? -le preguntó *cortésmente*. ¿Esperabas a alguien?

-No, a nadie. Simplemente estaba pensando.

-¡Qué casualidad! -dijo él-. Ayer, más o menos a estas mismas horas, me encontré aquí a una persona

absorta, concentrada.
la ensoñación, sueños, imaginaciones.
maleza, hierbas o arbustos silvestres.
correteo, pequeñas carreras de un lado a otro.
plantado, aquí: sin moverse.
Se llevó un poco de susto. Se asustó un poco. Sintió un poco de miedo.
disiparse, desaparecer.
los guantes de cabritilla, guantes de piel de cabrito (cabra pequeña).
(tener) pinta de asesino, parecer o tener aspecto de criminal peligroso.
cortésmente, con educación.

que me dijo lo mismo que tú. ¿No te parece raro?

-A mí no. Es que la gente suele pensar mucho. Y cuando estás sola, más.

-¿Vives por este barrio?

-No, no tengo esa suerte. Mi abuela dice que es el mejor barrio de Manhattan. Ella vive al norte, por Morningside. Voy a verla ahora y a llevarle una tarta de fresa que ha hecho mi madre.

De pronto, la imagen de su abuela, esperándola tal vez con algo de *cena* preparada, le pareció tan *grata* y *acogedora* que se puso de pie. Tenía que contarle muchas cosas, hablarían hasta *caerse de sueño*, sin mirar el reloj. ¡Iba a ser tan divertido! De la transformación de miss Lunatic en madame Bartholdi no le podía hablar, porque era un secreto. Pero con todo lo demás ya había material de sobra para un cuento bien largo.

Se disponía a coger la cestita, cuando notó que aquel señor se adelantaba a hacerlo.

-¿Tarta de fresa? ¡Ya decía yo que olía a tarta de fresa! La llevas aquí dentro, ¿verdad?

-Sí, ahí dentro la llevo. ¿La quiere usted probar? La ha hecho mi madre y *le sale muy buena*.

-¡Oh, sí, probarla! ¡Nada me gustaría tanto como probarla! ¿Pero qué dirá tu abuela?

-No creo que le importe mucho que se la lleve empezada -dijo Sara, volviendo a sentarse en el banco y retirando la servilleta a cuadros-. Le diré que me he encon-

---

cena, última comida del día.
grata, agradable.
acogedora, amistosa y agradable.
caerse de sueño, estar tan cansado que sólo se quiere ya dormir.
disponerse a, tener la intención de.
le sale muy buena, la hace muy bien.

trado con... Bueno, con el lobo -añadió riendo-, y que tenía mucha hambre.

-No mentirías -dijo el hombre-, porque me llamo Edgar Woolf.

5 La verdad es que su actitud empezaba a parecer algo *inquietante*. Pero Sara se acordó de las *recomendaciones* de miss Lunatic y decidió que no tendría miedo.

-¿Tiene una *navaja*, mister Woolf? -preguntó con total *serenidad*-. Y, si no le importa, le ruego que no
10 meta tanto las narices en la tarta. ¿Por qué no se sienta tranquilamente aquí?

navaja

Mister Woolf obedeció en silencio, pero las manos le temblaban cuando sacó una navaja de *nácar*. Partió un trozo *con pulso inseguro*. Y, procurando controlarse y
15 anteponer la educación a la gula, se lo ofreció a la niña.

-Toma, tú querrás también. ¿Qué te parece este 'picnic' *improvisado* en Central Park? Puedo decirle a mi chófer que nos traiga unas coca-colas.

-Se lo agradezco, mister Woolf, pero yo la tarta de
20 fresa *la tengo un poco aborrecida*. Y a mi abuela le pasa igual. Es que mi madre la hace mucho, demasiado.

inquietante, que quita la tranquilidad.

la recomendación, consejo.

la serenidad, tranquilidad.

el nácar, sustancia extraída de la concha de algunos moluscos (para fabricar, por ejemplo, botones).

con pulso inseguro, no decidido.

improvisado, realizado espontáneamente, no preparado.

La tengo un poco aborrecida. No la como con gusto porque ya la he comido muchas veces.

-*¿Y siempre le sale tan bien?* -preguntó mister Woolf que, ya *sin más miramientos*, había *engullido* el primer trozo de tarta y lo estaba *paladeando* con los ojos en blanco.

-Siempre -aseguró Sara-. Es una receta que no *falla*. 5

-¡La receta! ¡La auténtica! Necesito esa receta. ¡Oh, por favor! Pídeme lo que quieras, lo que quieras, a cambio. ¡Me tienes que ayudar! ¿Verdad que vas a ayudarme?

Sara, poco *acostumbrada* a que nadie necesitara algo 10 de ella, y menos tan *apasionadamente*, experimentó, por primera vez en su vida, lo que es sentirse en una situación de superioridad.

-Vamos, mister Woolf. Ya verá cómo todo se arregla.

-¡Qué buena eres! ¿Verdad que me vas a ayudar? 15

-No puedo prometerle nada, mister Woolf -dijo-, hasta entender mejor lo que me pide, saber si puedo concedérselo... y, claro, también qué ventajas tendría para mí.

-¡Ventajas, todas! -exclamó él *con prontitud*-. ¡Pídeme 20 me lo que quieras! *¡Por difícil de conseguir que te parezca!* ¡Lo que quieras!

-¿Lo que quiera? ¿Es usted un *mago*? -preguntó Sara

¿Siempre le sale tan bien? ¿Siempre hace la tarta así de bien?
sin más miramientos, sin pensar ni hablar más.
engullir, tragar, comer de golpe.
paladear, disfrutar poco a poco una comida o bebida.
fallar, no conseguir lo que se pretende.
acostumbrada a, habituada (a algo que se hace muchas veces).
apasionadamente, aquí: con gran interés.
con prontitud, enseguida.
¡Por difícil de conseguir que te parezca! ¡Aunque tú creas que es muy difícil o casi imposible!
mago, persona (sobre todo en los cuentos) que hace algo maravilloso.

con los ojos muy abiertos.

Mister Woolf sonrió. Cuando sonreía parecía más joven.

-No. No soy más que un *vulgar* hombre de *empresa*, 5 pero, eso sí, inmensamente rico. Mira, ¿ves allí aquella terraza con frutas de colores que se encienden?

Sara se subió al banco de piedra. Entre todos los anuncios luminosos que *remataban* los altos edificios *cercanos* al parque, aquél *llamaba* especialmente la *aten-*
10 *ción*.

-¡Oh, qué maravilla! -exclamó Sara.

-¿Cómo te llamas, guapa? -preguntó en un tono tranquilo y protector.

-Sara Allen, señor, *para servirle*.

15 -Pues ese edificio es mío, Sara -dijo mister Woolf.

-¿De verdad es suyo? ¿El de las *frutitas de luz*? ¡También por dentro?

-Sí, también por dentro.

-¿De qué se ríe?

20 Mister Woolf, en efecto, sonreía divertido y satisfecho.

-*De gusto*. Porque me alegro de que te guste tanto a ti.

---

vulgar, aquí: normal.

empresa, negocio.

rematar, aquí: terminar, estar al final de.

cercano, que está cerca.

llamar la atención, despertar especial interés o curiosidad.

Para servirle. expresión que se usaba (hoy apenas se usa ya) para responder (los niños) a una pregunta como por ejemplo: "¿cómo te llamas?"

frutitas (frutas) de luz, frutas iluminadas (ver también ilustración en pág. 89).

De gusto. aquí: Porque estoy satisfecho (y me agrada la conversación).

Los ojos de Sara brillaban de entusiasmo.

-¿Cómo no me va a gustar? Pero a la que le encanta-ría es a mi abuela. Me estoy acordando de ella. Ya sé lo que le voy a pedir. ¿Puedo pedirle que la deje venir a verlo mañana? Digo también por dentro, y asomarse a la terraza, y a lo mejor que le sirvieran una copita... ¿Me lo concede?

-Naturalmente, por favor, yo mandaré a buscarla. Pero eso es poquísimo para lo que te voy a pedir yo a cambio. Pídeme otra cosa. Algo para ti, que te haga mucha ilusión a ti.

Sara se quedó pensativa. Mister Woolf la miraba curioso.

-¡*No me meta prisa*, por favor! -dijo ella-; porque entonces no me concentro. Y no se ría tanto de mí. Necesito un ratito para pensarlo.

Mientras Sara se paseaba por delante de él con las manos a la espalda y los ojos cerrados, él, sentado en el banco, cortó otra *rajita* fina de tarta y la *degustó* más despacio. No, esta vez no se engañaba. Era *definitiva*. Se acordó de que allí, en aquel mismo claro del bosque, se había encontrado el día anterior con la extraña mendi-ga del pelo blanco que le había estado hablando del poder de lo maravilloso. De repente se acordaba con toda claridad de sus palabras.

Las gentes que tienen miedo a lo maravilloso deben verse *continuamente* en callejones sin salida, mister Woolf -le había dicho-.

No me meta prisa. Déjeme tiempo (para pensar y decidir).

rajita (*raja*), trozo pequeño (de la tarta).

degustar, saborear una comida o bebida.

definitiva, aquí: extraordinaria, muy buena.

continuamente, todo el tiempo.

Nada podrá descubrir quien pretenda negar lo *inexplicable*.
La *realidad es un pozo de enigmas*.
Y, si no, pregúnteselo a los sabios.

5 Cerró los ojos. Le extrañaba acordarse con tanto detalle. Hacía mucho tiempo, tal vez desde su juventud, que no experimentaba el placer de *repasar* una idea con los ojos cerrados.

-Creí que *se había usted puesto malo* o algo -dijo ella
10 con voz preocupada.

-No, simplemente estaba pensando, como antes tú.

-Debían ser cosas buenas.

-Sí, muy buenas. ¿Y tú has pensado lo que me quieres pedir?

15 -¡Sí! ¡Lo he pensado! ¡Quiero llegar a casa de mi abuela montada en 'limusine'! Yo sola. Con un chófer llevándome.

-¡Concedido!

Sara, en un *arranque* espontáneo, abrazó a mister
20 Woolf, que seguía sentado en el banco.

-Bueno, espera, no *te alborotes* tan pronto. Todavía no te he dicho lo que te voy a pedir yo a cambio. ¿Sabrías tú darme la receta de esta *espléndida* tarta?

---

inexplicable, que no se puede explicar o entender.
La realidad es un pozo de enigmas. Es muy difícil comprender o explicar la realidad. (*pozo*: agujero profundo en la tierra, sobre todo para extraer agua; *el enigma*: palabras o frase con un doble sentido).
repasar, aquí: recordar.
ponerse malo, enfermar, ponerse enfermo.
el arranque, aquí: idea que se expresa espontáneamente, sin haber pensado antes.
alborotarse, aquí: ponerse nervioso.
espléndida, magnífica, muy sabrosa.

-¡Claro! ¿No es más que eso? Yo no sé hacer la tarta de fresa, eso no, pero conozco el sitio donde se guarda la receta verdadera. En casa de mi abuela, en Morningside.

-¿Y ella querrá dármela? 5

-Seguro, es muy simpática. Y más si le dices que la vas a invitar a visitar tu piso. Bueno, perdona que te llame de tú.

-No me importa nada. Además hemos hecho un pacto. 10

Sara estuvo a punto de decir que era el segundo que hacía aquella tarde, pero se contuvo a tiempo. Era un secreto.

-¿En qué estás pensando? -preguntó mister Woolf.

-En nada. No hay problema. Yo creo que a mi abue- 15
la la convences. ¿A ti te gusta ir a bailar?

El señor Woolf la miró *desconcertado*.

-*Hace tiempo que* no bailo, aunque el tango *no se me da mal*.

-Es un pequeño inconveniente -dijo Sara-. A mi 20
abuela le encanta bailar. Ha sido una artista muy conocida. Se llamaba Gloria Star.

-¡Gloria Star! -exclamó mister Woolf, *mirando al vacío* con ojos *soñadores*-. Nada podrá descubrir quien pretenda negar lo inexplicable. ¡Qué gran verdad! 25

-No te entiendo bien. ¿La conoces?

-La oí cantar varias veces cuando yo era casi un *chi-*

---

desconcertado, sorprendido, sin entender muy bien (lo que pregunta la niña).
Hace tiempo que... Desde hace (mucho) tiempo...
No se me da mal. No lo hago mal.
mirar al vacío, no mirar a nada concreto.
soñador, aquí: que recuerda cosas (agradables) del pasado.

quillo y vivía en la calle 14. Era una mujer extraordinaria tu abuela.

-Sigue siendo extraordinaria -afirmó Sara-. Y, además, te va a dar la receta de la tarta de fresa.

5 -De acuerdo. Vamos, Sara. Tenemos que salir para casa de tu abuela inmediatamente, cada uno en una 'limusine', ya que a ti te gusta ir sola, como has dicho.

-¿Pero cómo? ¿Tienes dos 'limusines'?

-No, tengo tres.

10 -¿Tres? ¿Y cada una con un chófer?

-Sí, cada una con un chófer. *Mira que* cuando le diga a Greg Monroe que voy a conocer a Gloria Star... No se lo va a creer. Y *encima*, a causa de la tarta de fresa -añadió riéndose.

15 -¿Quién es Greg Monroe?

Sus voces y sus *siluetas se fueron perdiendo* camino de la salida del bosque. De vez en cuando, mister Woolf se inclinaba hacia la niña y se escuchaba el *eco* de sus risas. El frío *se había suavizado* mucho.

20 El Rey de las Tartas y Sara Allen, vistos de espaldas y cogidos de la mano, *a medida que* iban alejándose, formaban una *llamativa* y *peculiar pareja*. Hay que reconocerlo.

---

chiquillo (*chico*), niño.

Mira que..., Si pienso que...

encima, aquí: además.

silueta, líneas que limitan una figura.

se fueron perdiendo, aquí: se alejaron poco a poco.

eco, repetición de un sonido o una palabra (cuando éstos chocan con un cuerpo sólido y se vuelven a oír).

suavizarse, no ser tan fuerte (como anteriormente).

a medida que, según.

llamativa, curiosa, fuera de lo normal.

peculiar, poco común.

pareja, dos personas (normalmente hombre y mujer).

DOCE

Los sueños de Peter.
El pasadizo subacuático de madame Bartholdi

En el *aparcamiento* particular del Rey de las Tartas se
despidieron con un *jovial…* "¡Hasta luego!"
    Edgar Woolf le había *cedido* a Sara la más lujosa de las   5
tres 'limusines', la conducida por Peter, su chófer *predilecto, no sin antes llamar a éste aparte* para hacerle algunas advertencias que le parecían importantes. En primer lugar, convenía que a la niña le diera un buen paseo
por Manhattan porque, aunque iban al mismo sitio, él   10
tenía interés en llegar antes. Por otra parte, le encarga-
ba que *cuidara a* aquella *criatura como a las niñas de sus
ojos*, evitándole toda clase de peligros, pero sin negarle
ningún capricho. Peter *se había quedado pensativo*.
    -Esos dos extremos son difíciles de *armonizar*, señor.   15
Perdone que se lo diga. Porque los niños suelen encapricharse *precisamente* de lo más peligroso.

---

aparcamiento, lugar para dejar el coche.
jovial, alegre, amistoso.
ceder, aquí: dejar.
predilecto, preferido, favorito.
no sin antes… pero antes…
llamar aparte a alguien, hablar con alguien sin la presencia de nadie más.
cuidar a alguien como a las niñas de sus ojos, tratar a alguien como si
fuera lo más importante del mundo (*niña de los ojos*: pupila,
por donde entra la luz).
quedarse pensativo, reflexionar (sobre las palabras que se han
escuchado).
armonizar, aquí: hacer bien dos cosas al mismo tiempo.
precisamente, justamente.

-Me doy cuenta, Peter, de que he elegido bien al guía de mi joven amiga.

Edgar Woolf se metió en su 'limusine', *se arrellanó* en el asiento y se puso a pensar en lo que había dicho miss Lunatic sobre los milagros. Cuando él tenía dieciséis años, se había enamorado locamente de una chica *pelirroja*, maravillosa e *inalcanzable*. Sería unos ocho años mayor que él. Era dulce, *sensual* y descarada. Luego había *perdido su pista* por completo.

Pero todavía guardaba un *clavel* seco que una vez ella se había sacado del pecho, para tirárselo, después de besarlo. Se lo tiró a él, a aquel *adolescente desgarbado*. Tal vez lo *conociera de vista* y se hubiera *llegado a percatar* de lo mucho que él la amaba desde lejos. Acababa de cantar "Amado mío", la canción que hizo célebre a *Rita Hayworth* en "Gilda". Y le había sonreído dos veces mientras la cantaba. A pesar del tiempo *transcurrido*, Edgar Woolf jamás había podido olvidar aquella noche en que su mirada se había cruzado tan *intensamente* con la de Gloria Star.

-¿Adónde vamos, señor?

clavel

arrellanarse, sentarse cómodamente.
pelirroja, de pelo rojo.
inalcanzable, aquí: que no es posible acercarse a ella.
sensual, que despierta o activa los placeres de los sentidos.
perder la pista de alguien, aquí: no volver a ver.
el/la adolescente, joven (que ya no es niño y todavía no es adulto).
desgarbado, poco elegante en sus movimientos.
conocer de vista a alguien, conocer sólo superficialmente a alguien por haberlo visto alguna vez.
llegar a percatarse de algo, darse cuenta de algo.
Rita Hayworth, conocida artista norteamericana de cine (1918-1987).
transcurrir, aquí: pasar el tiempo.
intensamente, con fuerza.

146

-¡A Morningside por el camino más corto! -ordenó a Robert.

Luego encendió la luz del pequeño bar y se sirvió un whisky con hielo.

Peter conducía *Quinta Avenida* abajo *con gesto recon-* 5
centrado.

Viajar con mister Woolf por Manhattan, como solía comentar Peter con Rose, su mujer, era igual que llevar una *maleta en el asiento trasero.* Y ella se reía mucho. Pero luego le entraban remordimientos y le reñía por 10 burlarse de un jefe tan bueno.

En *vísperas de Navidad,* los coches y autobuses que circulan por Manhattan *se ven forzados a* ir a paso de tortuga. *No les queda otro remedio.* Las calles *céntricas,* que naturalmente son las más *atractivas,* se convierten 15 en un *hormiguero* humano que *bulle* y se empuja por las *esquinas,* entre los puestos de vendedores ambulantes, en las paradas de autobús, en los pasos de peatones.

Quinta Avenida, la calle más conocida de Nueva York, con sus lujosas tiendas, tres museos, hoteles importantes, diferentes estilos arquitectónicos...

con gesto concentrado, prestando mucha atención a lo que se hace.

maleta, caja en la que se lleva lo necesario para un viaje.

asiento trasero, asiento posterior de un coche.

en vísperas de, aquí: los días anteriores a.

la Navidad, día (25 de diciembre) en que se celebra el nacimiento de Jesucristo.

verse forzado a, estar obligado a, tener que.

No les queda otro remedio. No es posible hacer otra cosa.

céntrico, del centro (de la ciudad).

atractivo, especialmente interesante.

hormiguero, aquí: gran cantidad de personas (que se mueven de un lado a otro como las hormigas).

bullir, aquí: moverse sin parar.

La 'limusine', aunque muy despacio, había ido dejando atrás *la catedral de San Patricio*, el *Rockefeller Center* con su *pista de patinaje*, la Biblioteca Nacional... Y ahora, a la altura del *Empire State Building*, cabía *la alternativa* de
5 torcer hacia la Avenida de las Américas para ver los escaparates de *Macy's* y seguir bajando hacia el *Village*.
   "Trátela como a las niñas de sus ojos", le había encargado mister Woolf. Y también que *no le quitara ningún capricho*, que le diera un paseo bonito como de
10 una hora y que luego la llevara a una casa del barrio de Morningside, cuyas *señas* le había *apuntado* en un

---

esquina, lugar donde se cortan las paredes de una casa (en el exterior).
Catedral de San Patricio, iglesia neogótica de Nueva York, la mayor catedral católica del país, en la Quinta Avenida.
Rockefeller Center, otro célebre rascacielos de Nueva York, el primero en el que se integraron tiendas, teatros, jardines, restaurantes...; personas de negocios y turistas lo recorren de día y de noche; la pista de patinaje (en invierno) y su famoso árbol de Navidad son otro de los símbolos de esta ciudad.
pista de patinaje, lugar en el que se puede practicar el deporte de patinar.
Empire State Building, ya no es hoy el rascacielos más alto del mundo (381 metros), pero sí el más famoso, con vistas impresionantes desde sus pisos 86 y 102; tiene 6.500 ventanas, 1860 escalones (hasta el piso 102) y fue inaugurado en 1931.
Macy's, los más grandes almacenes del mundo, donde se vende todo tipo de artículos.
(Greenwich) Village, barrio de Nueva York junto al río Hudson; en este barrio, donde la vida se desarrolla más de noche que de día (teatros, cafés, clubs musicales, música de jazz...), han vivido muchos de los más famosos artistas y escritores del país; sus casas, patios, jardines..., todo el ambiente del "Village" es como un mundo aparte en esta ciudad.
Cabía la alternativa de... Existía otra posibilidad.
no quitar ningún capricho a alguien, realizar o cumplir todos los deseos de una persona.
las señas, la dirección de la casa donde vive una persona.
apuntar, escribir, anotar.

papel. *Allí había gato encerrado*, todo era rarísimo. Estaba obedeciendo en todo. *Menos* en lo de los caprichos. Porque, ¿qué caprichos se le iban a poder dar a una niña que llevaba diez minutos dormida? Y *el caso es que* al principio *no paraba de preguntarle* cosas por el teléfono interior, que para qué era este botón y *el de más allá*, que si se podía tomar una coca-cola, que cómo se llamaba aquella calle.

Sara se despertó y *se frotó los ojos*. Durante unos instantes, el suave *vaivén* de la 'limusine', que acababa de bordear Washington Square para *enfilar* hacia el sur de la calle Lafayette, la mantuvo en esa especie de *duermevela* que separa todavía lo soñado de lo real. Pero, de pronto, miró más atentamente a su alrededor, *se enderezó* y se acordó de todo. Iba en la 'limusine' de mister Woolf. Corrió las cortinillas y miró a ver si veía el nombre de la calle por donde iban pasando. Se veían casitas bajas y la gente circulaba a un *ritmo* más *pacífico*. No veía ninguna *placa* con nombre de calle. Dio la

Allí había gato encerrado. Había algún secreto, algo oculto (que él no podía entender).
menos, aquí: excepto.
El caso es que… En realidad…
no parar de preguntar, hacer preguntas todo el tiempo.
y el de más allá, expresión usada para decir que se trata de muchas personas o cosas.
frotarse los ojos, pasar la mano por los ojos (generalmente al despertarse).
el vaivén, movimiento de un lado a otro o de atrás hacia adelante.
enfilar, dirigirse a.
la/el duermevela, estado en el que todavía se duerme, pero casi se está ya despierto.
enderezarse, aquí: sentarse bien.
ritmo, aquí: forma de pasear (lenta, rápida…).
pacífico, tranquilo.
placa, aquí: letrero (con el nombre de las calles).

luz, sacó el plano y lo desplegó encima de una mesita de *caoba* que se abría *tirando de* una *argolla*. Se lo había explicado, antes de dormirse, el chófer. ¿Cómo se llamaba el chófer? ¡Peter! Se llamaba Peter.

5   -Peter...

-Diga, señorita. ¿Ha descansado bien?

-Demasiado bien. Pero no me debías haber dejado dormir tanto. *¿Cuánto tiempo llevo dormida?*

-Una media hora, *calculo.*

10   -¡Pero de Central Park a Morningside no se tarda media hora!

Peter creyó más *oportuno* no contestar. Estaba acostumbrado a *la discreción*, y le había parecido entender que su jefe no tenía demasiado interés en que la niña

15 llegara antes que él a Morningside. Pero, por otra parte, ¡iban a la misma casa! ¿Quién viviría en aquella casa? Se sonrió acordándose de su hija Edith.

-¿Me has oído, Peter? Dime por lo menos en qué barrio estamos. A mí me parece que te has equivocado.

20   -¿Es que tiene usted mucha prisa?

Sara consiguió leer *el rótulo* de una de las calles, aprovechando una parada de semáforo, e inmediatamente consultó el plano.

-*¡Pero si* estamos más abajo de Chinatown, Peter!

---

caoba, madera noble, de color rojizo.

tirar de, aquí: hacer fuerza con la mano (para sacar algo).

argolla, aro de metal, fijo en algún sitio, para sujetar alguna cosa.

¿Cuánto tiempo llevo dormida? ¿Desde cuándo estoy durmiendo?

calcular, aquí: pensar.

oportuno, conveniente.

la discreción, sensatez (para decir o callar algo en el momento oportuno).

rótulo, placa (aquí: con el nombre de una calle).

Pero si... Es que...

-Eso parece. Veo que se orienta bien, señorita.

-¡Es que tengo un plano! ¡Y no me llames señorita! Me llamo Sara. No me digas ahora que no vamos hacia el sur.

-Bueno, guapa, pues no te llamaré señorita. Es que 5 me daba pena despertarte, pero ahora damos la vuelta.

De repente los ojos de Sara, que saltaban continuamente del plano a lo que iba *vislumbrando* por la ventanilla, se encendieron con un *fulgor* triunfal:

-¡¡No!! ¡*No des la vuelta ahora*! ¿No es éste ya el 10 barrio de los financieros?

-Sí, pero a estas horas está muy muerto. Esto cuando hay que venirlo a visitar es por las mañanas. Lo que veo es que te conoces Manhattan como la palma de la mano. ¿Llevas muchos años viviendo por aquí? 15

-*Por desgracia* vivo en Brooklyn, hijo... ¿De qué te ríes?

-De que me has recordado a una hija mía. Debe ser de tu edad. Pero te aseguro, Sara, que ella, si hubiera tenido la suerte de poder dar este paseo en 'limusine', 20 no se hubiera dormido.

-¡No me lo recuerdes, que bastante rabia me da a mí sola! ¿Y cómo se llama tu hija? ¿Pero qué estás haciendo? ¡No des la vuelta, Peter, te he dicho! Estamos cerca de Battery Park, ¿verdad? 25

-Sí, muy cerca.

-¡Entonces llévame allí! ¿Cómo se llama tu hija?

-Edith.

-¡Pues te lo pido por Edith!

---

vislumbrar, ver con poca claridad o precisión.
el fulgor, brillo.
¡*No des la vuelta*! ¡Sigue, no cambies la dirección de la marcha!
por desgracia, lamentablemente.

151

Al llegar a Battery Park, Sara le suplicó a Peter que detuviera la 'limusine' porque ella quería bajarse a ver desde allí la estatua de la Libertad.

-Es sólo un momentito. ¡Verla y ya!

5 El tono de su voz volvió a recordarle al chófer el de su hija Edith, cuando se encaprichaba de una cosa, y *cedió*. Pero *se quedó con los ojos como platos* cuando, en el momento en que le estaba sujetando la portezuela para que se bajara, aquellos zapatitos colorados que
10 acababan de asomar *tomaron un impulso vertiginoso*, y la niña salió *corriendo como un gamo*. Cuando Peter quiso darse cuenta, ya se había perdido en *la oscuridad*.

Se le puso un nudo en la garganta y no sabía qué hacer. Tenía que dejar aparcada la 'limusine' en un sitio mejor
15 para salir luego en su busca. Pero, por otra parte, era una locura perder tiempo. Aquellos *parajes* eran bastante peligrosos de noche. Ya no se trataba de cumplir mejor o peor un encargo de mister Woolf. Se trataba de proteger la vida de una niña de diez años, *traviesa*,
20 *inconsciente* y *audaz*, como su propia hija lo era. Y

---

ceder, aquí: aceptar lo que desea otra persona.
Se quedó con los ojos como platos. No podía creer lo que estaba viendo (y por eso abrió mucho los ojos).
tomaron un impulso vertiginoso, comenzaron a correr a toda velocidad.
corriendo como un gamo, caminando muy deprisa (*gamo*: pequeño animal del que se dice que es uno de los más veloces).
la oscuridad, falta de luz.
Se le puso un nudo en la garganta. Sintió de repente un gran miedo (de forma que le resultaba difícil respirar).
el paraje, lugar (especialmente si está aislado, poco habitado).
traviesa, que no se está quieta.
inconsciente, que no piensa en lo que hace o dice.
audaz, atrevida.

empezó a llamarla *a voces*, en tono *autoritario y destem-*
plado, sin el menor miramiento.

-¡Sara, vuelve acá! ¿Dónde te has metido? ¡Vuelve!
¿Me oyes?

Pero no obtuvo respuesta y se puso a mascullar *mal-* 5
diciones entre dientes contra mister Woolf y contra su
propio *sino.*

Estaba fuera de sí. Miró alrededor. Era un lugar desierto. Ni una *maldita cabina de teléfonos*, ni un transe-
únte. *Por fin* trató de tranquilizarse. Logró encontrar un 10
hueco más o menos seguro para aparcar el coche. Luego
se internó a paso vivo en el parque solitario. *¡Condenada*
chiquilla!

cabina de
teléfonos

a voces, gritando.
autoritario, como quien tiene autoridad.
destemplado, aquí: muy enfadado.
sin el menor miramiento, sin pensar si se trata de una persona importante o no.
la maldición, aquí: expresión injuriosa e insultante (a causa del enfado
que se siente).
el sino, el destino.
estar fuera de sí, no controlarse, estar tan alterado que no se sabe bien
lo que se hace o se dice.
maldita, aquí: ninguna.
por fin, finalmente.
hueco, aquí: espacio libre (en la calle, para aparcar).
internarse, entrar en.
a paso vivo, deprisa.
¡Condenada chiquilla! expresión para mostrar un fuerte enfado (por las
acciones de la niña).

153

Entretanto Sara, escondida detrás de unos *arbustos*, había conseguido *localizar* en el plano el lugar exacto donde se encontraba. Muy cerca de la *perrera* donde miss Lunatic guardaba su cochecito. El corazón le latía
5 muy fuerte cuando, por fin, la encontró. Estaba cerrada con *candado* y pintada de gris. No podía ser otra.

candado

Antes de recorrer los cincuenta pasos que, según los informes secretos, separaban aquel lugar de la alcantarilla que daba acceso al pasadizo, levantó la mirada y
10 vio brillar a lo lejos, más allá de los árboles y al otro lado del río, la antorcha de la Libertad.

La alcantarilla roja apareció enseguida, y junto a ella estaba el poste. Lo palpó. Efectivamente, *a media altura* se apreciaba al tacto la ranura por donde había que
15 introducir la moneda verdosa. Cuando la sacó de la bolsita, los dedos le temblaban. Pero tenía que *mantener la sangre fría*. Había llegado el momento definitivo. Metió la moneda en la ranura y esperó unos instantes, casi temblando, porque además le parecía oír un ruido
20 de pasos.

-¡"Miranfú!" -exlamó decidida, con los ojos tan fijos en la alcantarilla que casi le dolían.

arbusto, planta de menor tamaño que un árbol.
localizar, encontrar el lugar exacto.
perrera, lugar en el que se encierra a un perro.
a media altura, ni muy alto ni muy bajo (de forma que la niña puede llegar hasta allí con la mano).
mantener la sangre fría, no perder los nervios.

Y una voz *colérica* contestó a sus espaldas:

-¡*Si no mirara quién eres, te daba una paliza que te ibas a acordar*!

Retiró *a toda prisa* la moneda. Pero le había dado tiempo a comprobar que el invento funcionaba, porque la tapa de la alcantarilla había empezado a *deslizarse* muy lentamente. En cuanto quitó la moneda, volvió a cerrarse.

La moneda se la metió dentro de un calcetín.

Peter no se había dado cuenta de nada.

La metió *de malos modos* en el coche, mientras ella, con voz *sumisa*, inventaba pretextos absurdos y le *pedía toda clase de perdones*. Fue capaz de desplegar tal *mimo* y *astucia* que a los cinco minutos ya *se había metido a Peter en el bolsillo*, le preguntaba por su hija, hacía comentarios sobre el rascacielos de mister Woolf y se había vuelto a entablar entre ellos una conversación más o menos *amistosa*.

Sara pensaba con un poco de preocupación en la

---

colérico, muy enfadado.

¡*Si no mirara quién eres...*! Sé que tú eres (para mí) una persona muy importante; si no...

te daba una paliza, te pegaría.

te ibas a acordar, no olvidarías este momento.

a toda prisa, muy rápidamente.

deslizarse, moverse de un lado a otro sin hacer ruido.

de malos modos, sin consideración; aquí: empujando.

sumisa, obediente.

pedía toda clase de perdones, pedía perdón con palabras y con gestos.

mimo, demostración de afecto (sobre todo de los niños, o de los mayores con los niños).

astucia, habilidad para engañar a alguien o para evitar un daño.

meterse a alguien en el bolsillo, ganarse la simpatía total de alguien.

amistoso, como entre amigos.

abuela y en *cómo le habría sentado* la visita de mister Woolf, porque la abuela era muy especial y no le gustaba todo el mundo.

Entre estas reflexiones y la conversación con Peter, transcurrió *sin sentir* el viaje de vuelta.

De lo que sí pudo darse cuenta Sara es de que la aventura ya la llevaba ella para siempre metida en el alma. Lo que ocurría *en el exterior* de Manhattan, *al otro lado de* la ventanilla, había dejado por completo de interesarle.

Peter debió coger una autopista o algo así, porque durante todo el camino circularon muy *aprisa*. Ella se tomó una coca-cola. A la media hora estaban en Morningside.

TRECE

Happy end, pero sin cerrar

Cuando Robert, medio *adormilado* dentro de la 'limusine', oyó un *tamborileo* en los cristales, se espabiló *lleno de sobresalto*. Pero enseguida se tranquilizó al reco-

---

cómo le habría sentado..., si le habría gustado o no...
sin sentir, aquí: muy rápidamente.
en el exterior, aquí: en la calle.
al otro lado de, más allá de.
aprisa, deprisa, a mucha velocidad.
adormilado, medio dormido.
tamborileo, pequeños golpes (en un cristal, en una puerta...) con los dedos de la mano.
lleno de sobresalto, muy asustado.

nocer a Peter, quien le señaló con *gesto interrogante el portal* de enfrente.

Robert, aún un poco *amodorrado*, vio que la niña estaba abriendo aquel portal con un *llavín* que se sacaba del bolsillo, y cómo se volvía sonriente para decir adiós a Peter con la mano.

-*Que me maten si* entiendo algo -dijo Peter a Robert. ¿Tú sabes quién vive en esa casa?

-Ay, chico, *yo ni idea.* Yo me he limitado a traer a mister Woolf, que me ha dicho que *igual* se entretenía un poco, y aquí llevo esperando como tres cuartos de hora. No sé, serán personas de su familia. ¿A ti también *te va a tocar esperar?*

-A mí no, a mí *la chavala* me ha dicho que ya no me necesita, que ella se queda a dormir en casa de su abuela.

-Pues chico, ¿a qué esperas? Lárgate. ¡No tienes poca suerte!

Peter, por toda contestación, *dio la vuelta al coche* y le pidió con un gesto a Robert que le abriera la puerta por aquel lado. *Una vez sentado* junto a él, sacó una *cajetilla* de Winston y encendió el primer pitillo de la noche.

gesto interrogante, pregunta que se hace sin palabras, sólo con un gesto.
el portal, puerta principal de una casa.
amodorrado, no bien despierto todavía.
el llavín, llave pequeña.
Que me maten si... Es totalmente imposible...
Yo ni idea. familiar: No entiendo nada.
igual, aquí: quizás.
¿Te va a tocar esperar? ¿Tienes que esperar aquí?
chavala, niña.
dio la vuelta al coche, aquí: fue andando de un lado al otro del coche.
Una vez sentado... Después de sentarse...
cajetilla, paquete de cigarrillos.

157

Volvió a mirar hacia la *fachada* de enfrente. En el piso séptimo había una luz encendida.

-Todo esto es rarísimo. Ni la niña ni la vieja son familia suya.

5   -Tiene razón tu mujer cuando dice que te debías dedicar a escribir guiones de cine. ¿A qué vieja te refieres?

-A la abuela de la niña, a la que vive ahí. ¿Tú la has visto?

10   -Yo no. ¿Cómo la voy a haber visto? ¿Por qué lo dices?

-Por saber cómo es, *la pinta que tiene.* Vamos, no me digas que *no es raro que* al jefe, que nunca sale, *le dé hoy de repente por* venir a este barrio a visitar a una gente
15 que no le toca nada. Y luego, él en un coche y la niña en otro...

-Bueno -admitió Robert-, eso sí es un poco *chocante,* pero *a lo demás no le veo yo tanto misterio.* Si no son familia suya, serán amigos antiguos, *¡qué más da...!* Tú
20 es que siempre le andas *buscando tres pies al gato.* Porque, además, ¿tú cómo sabes que no son familia?

-Ni familia ni amigos. Me lo ha dicho la niña.

En los ojos de Robert *se encendió* por primera vez *una*

---

fachada, parte delantera de una casa.

la pinta que tiene, el aspecto que tiene.

No es raro que le dé hoy de repente por... Es normal que él tenga hoy la idea de...

chocante, extraño, raro.

A lo demás no le veo yo tanto misterio. Todas las demás acciones son fáciles de entender.

¡Qué más da! ¡No tiene ninguna importancia!

buscar tres pies al gato, querer encontrar o crear dificultades donde no las hay.

chispa de intriga.

-¡Oye, qué raro parece eso!

-¡Pues claro! ¿No te lo estoy diciendo? A la niña la ha visto hoy por primera vez en Central Park, y *con su abuela él no ha hablado en la vida...* 5

Mientras dentro de la 'limusine' número dos se mantenía esta conversación *furtiva*, Sara Allen, no menos furtivamente, había llegado al séptimo piso y había abierto con *una vuelta silenciosa de llave* la puerta de casa de su abuela. 10

La puerta no había hecho ningún ruido. Se detuvo en el *vestíbulo* y *contuvo la respiración*. Del cuarto de estar, sobre un fondo de música suave, venía un *rumor* de risas y *cuchicheos*.

La abuela, vestida de verde, giraba en brazos del 15 Dulce Lobo, a los sones de "Amado mío", que se estaba oyendo en el 'pick-up'. De vez en cuando echaba la cabeza para atrás y le decía algo que la hacía reír. Encima de la mesita había una botella de champán abierta y dos copas *a medio llenar*. 20

---

se encendió una chispa de intriga, pensó que quizás había algo oculto (*chispa*: parte pequeña que salta de algo que arde; *intriga*: acción oculta para conseguir un determinado fin).

No ha hablado en su vida con... Nunca ha hablado con...

furtiva, escondida.

vuelta silenciosa de llave, acción de abrir silenciosamente una puerta con llave.

vestíbulo, espacio en la entrada de una casa.

contener la respiración, no respirar durante algunos segundos.

el rumor, aquí: ruido suave y poco claro de personas que están hablando.

cuchicheo, cuando se habla en voz baja (de forma que las otras personas no puden entender lo que se dice).

a medio llenar, no llenas (porque ya habían bebido una parte).

Sara *retrocedió* silenciosamente como había avanzado. Se detuvo unos instantes apoyada en la pared y se abrazó a sí misma, cruzando los brazos por delante.

Fueron unos instantes nada más. Enseguida *reaccionó*. Su *intuición* la avisaba de que ella allí estaba estorbando. Así que se dirigió con decisión hacia la salida.

Luego, cuando ya había cerrado otra vez la puerta, había dado la luz de la escalera y estaba esperando el ascensor de bajada, se dio cuenta de que no sabía adónde ir.

Al salir del ascensor, se apagaron las luces del portal. Bajó casi a tientas los cuatro escalones de mármol sucio y *desgastado* que llevaban a la puerta de la calle. No quería volver a dar la luz; prefería *explorar* desde dentro, sin ser vista, los peligros que podían *acecharle* fuera.

A través del cristal vio en la acera de enfrente las 'limusines' aparcadas una detrás de otra. En *el asiento delantero* de la primera distinguió la silueta de los dos conductores. Sara le había dicho a Peter que se fuera, que ella ya no le necesitaba, pero se ve que no tenía ganas de dormir todavía.

De pronto, se acordó de miss Lunatic, a la que tenía olvidada *hacía bastante rato*, entre unas cosas y otras.

”Aunque no me veas, yo no me voy -le había dicho

retroceder, caminar hacia atrás.
reaccionar, actuar como respuesta a algo.
la intuición, capacidad de comprender algo rápidamente y sin pensar.
desgastado, muy usado y ya viejo.
explorar, examinar con atención.
acechar, aquí: esperar (y amenazar).
asiento delantero, en un coche, asiento del conductor (o del que va a su lado).
hacía bastante rato, hacía ya bastante tiempo.

al despedirse-, siempre *estaré a tu lado*."

Sara se agachó a palparse el calcetín. Hurgó durante unos instantes muy nerviosa con los dedos metidos entre sus blancas *mallas* y la piel del *tobillo*, hasta llegar *angustiada* a *la planta del pie*. ¡Hasta allí se había *escurri-* 5 *do* la moneda *mágica*!

Metió la llave en la cerradura del portal y lo abrió *despacito*. *Agachándose* por detrás de los coches aparcados en la acera de enfrente a la de las 'limusines', alcanzó *la cuesta* que, *partiendo de* Morningside Park, 10 bordea la fachada sur de San Juan el Divino. Pensó *vagamente* que por aquellos barrios, tal vez no demasiado lejos de allí, existió *en tiempos* una librería que ella nunca había llegado a conocer: El Reino de los Libros.

El taxista que paró en Amsterdam Avenue para aten- 15 der a las *aparatosas* señales de aquella niña vestida de rojo *iba ya de retirada*. Pero, a pesar de que a sus sesenta años ya no había nada en Manhattan capaz de provocar su extrañeza, una curiosidad superior a él le había

---

estaré a tu lado, te acompañaré, estaré contigo.
las mallas, aquí: tela (en forma de red) de los calcetines.
tobillo, hueso con el que se unen la pierna y el pie.
angustiada, con mucho miedo.
planta del pie, parte inferior del pie (con la que se pisa en el suelo).
escurrirse, aquí: bajar poco a poco con suavidad.
mágica, que puede realizar cosas maravillosas.
despacito (*despacio*), sin prisa.
agacharse, inclinarse hacia adelante.
cuesta, aquí: calle que baja o sube.
partiendo de, aquí: desde.
vagamente, en general, de forma imprecisa.
en tiempos, anteriormente, algunos años antes.
aparatoso, aquí: llamativo.
ir de retirada, aquí: ir ya hacia casa después del trabajo.

hecho *frenar en seco*.

-¿Hacia dónde vas? -preguntó, bajando la ventanilla y mirándola de arriba abajo.

-¡A Battery Park! -fue la respuesta clara y *contunden-*
5 *te* de la niña, *al tiempo que* abría la puerta amarilla del taxi.

El hombre *puso en marcha el taxímetro* y la miró otra vez antes de arrancar. Ella *se había acomodado* tranquilamente, con una *actitud desafiante* y segura, totalmen-
10 te *impropia de* su edad.

El taxista *se abstuvo de* momento de hacer más comentarios. Pero no podía dejar de mirarla de vez en cuando por *el espejo retrovisor*. No *tenía por costumbre* molestar a sus viajeros con pregunta ninguna. Pero los
15 gestos exactos y tranquilos de aquella extraña pasajera *le sumían en la mayor perplejidad*. Unas veces consultaba un plano que llevaba desplegado junto a ella en el asiento. Otras hurgaba en una bolsa de raso y lentejuelas. Pero en ningún momento *se borraba* de su rostro

frenar en seco, frenar de repente y rápidamente.
contundente, decidido.
al tiempo que, mientras.
poner en marcha el taxímetro, apretar el botón del aparato que en un taxi indica el dinero que hay que pagar por un viaje.
acomodarse, aquí: sentarse.
la actitud, postura.
desafiante, aquí: decidida y sin miedo.
impropio de, no normal (para una niña).
abstenerse de, no hacer algo, renunciar a.
espejo retrovisor, espejo del coche en el que se pueden ver los coches que siguen o a la persona que está detrás.
tener por costumbre, hacer habitualmente.
Le sumían en la mayor perplejidad. Le dejaban totalmente confuso o inseguro.
borrarse, aquí: desaparecer.

162

una sonrisa que parecía *transfigurarla*.

Fue un trayecto totalmente silencioso. Pero, cuando ya estaban llegando cerca de su *destino*, el taxista se atrevió a volver la cabeza, *aprovechando la parada* de un semáforo, y a preguntar:

-¿Dónde quieres que te deje, guapa?

-Cerca de la estación del ferry, por allí. No hace falta que llegue.

-Pero el ferry a estas horas no funciona -comentó el taxista.

-Sí, claro, ya lo sé.

-¿Pues entonces...?

-¿Entonces, qué? -contestó la niña *cortante*.

-Que *qué se te ha perdido a ti* a estas horas en Battery Park.

-Podría contestarle que *es asunto mío*. Pero ya que le produce tanta curiosidad, le diré que he quedado allí con una amiga.

Cuando el taxi se paró, la niña consultó el precio de *la carrera* en el taxímetro y arrojó unos billetes en *el cauce ovalado* de metal *incrustado* en *la cristalera* de separación.

---

transfigurar, cambiar el aspecto exterior de una persona.
destino, aquí: final de un viaje.
aprovechar la parada, durante la parada (del coche).
cortante, aquí: seco, poco amistoso.
¿Qué se te ha perdido a ti...? ¿Qué haces tú a una hora y en un sitio tan raro...?
Es asunto mío. Sólo me interesa a mí, a nadie más.
carrera, aquí: viaje del taxi.
el cauce ovalado, aquí: abertura en el cristal que, en los taxis de Nueva York, separa al conductor y a las otras personas; sirve para hablar con el conductor y para depositar el dinero que se debe pagar.
incrustado, metido, dentro de.
cristalera, (pared de) cristal.

163

-¡Pero aquí sobra mucho! -exclamó el taxista, bajando la ventanilla.

La niña se detuvo a la entrada del parque y le miró sonriendo, mientras le decía adiós con la mano.

5 -¡*Quédese con la vuelta*! ¡Son viles papeluchos!

El taxista, mientras la miraba desaparecer corriendo entre las frondas *como una saeta*, se quedó mascullando:

-Lo que me extraña es que no haya más crímenes de los que hay. ¡Mira que dejar salir sola a estas horas a 10 una *chiquilla de semejante edad*! No sé en qué estarán pensando los padres.

Sara, antes de introducir nuevamente la moneda en la ranura del poste junto a la alcantarilla, se acordó de una cosa. No había leído todavía el papelito que le dio miss 15 Lunatic. Le había dicho que lo leyera en la cama. Pero *a saber dónde acabaría ella durmiendo* esa noche. Así que se sentó en el suelo y lo sacó de la bolsa. Era un papel color malva. Se quedó unos instantes *paralizada*.

Desplegó el mensaje y lo leyó. Decía:

20   No te hice ni *celestial* ni *terrenal*,
     ni *mortal* ni *inmortal*, con el fin de

¡*Quédese con la vuelta*! ¡Puede usted quedarse con todo el dinero!

como una saeta, con toda rapidez (*saeta*: flecha que se dispara con un arco y sale a gran velocidad).

una chiquilla de semejante edad, una niña tan pequeña.

A saber dónde acabaría ella durmiendo. Nadie podía saber en aquel momento dónde iba a dormir ella esa noche.

paralizada, inmóvil (como si no pudiera andar).

celestial, del cielo

terrenal, de la tierra.

mortal, que alguna vez tiene que morir.

inmortal, que no muere.

con el fin de (*que*), para.

que fueras libre y *soberano artífice*
de ti mismo, de acuerdo con tu *designio*.

Y debajo ponía entre *paréntesis*: (*Pico della Mirandola*, Juan-. Filósofo *renacentista* italiano, aficionado a la
magia natural. Murió a los 31 años.)   5

Metió la moneda en la ranura, dijo: "¡Miranfú!", se
descorrió la tapa de la alcantarilla y Sara, extendiendo
los brazos, se arrojó al pasadizo, sorbida inmediatamente por una corriente que la llevaba a la Libertad.

---

soberano, aquí: grande, mejor que los demás.
el/la artífice, aquí: autor.
designio, meta que alguien se ha propuesto en su vida. (La cita de Pico
della Mirandola es, para Carmen Martín Gaite, el resumen de esta
novela: Se trata de la descripción de la figura mítica de miss Lunatic
= madame Bartholdi, que no ha existido realmente tal como se la
presenta en este libro, sino que quiere ayudar a Sara a realizar sus
sueños.)
el paréntesis, signo, en un texto, escrito para añadir una explicación
secundaria: ( ).
Pico della Mirandola, humanista italiano (1463-1494) de quien se dice
que era un gran sabio y que conocía todas las ciencias existentes hasta
entonces.
renacentista, de la época del Renacimiento (movimiento cultural
europeo de los siglos XVI y XVII).
magia, conocimientos y prácticas referidos a las fuerzas ocultas de la
naturaleza.
descorrerse, abrirse lentamente de un lado a otro.

EJERCICIOS

Preguntas sobre el capítulo 1

1. ¿Cómo se presenta en este capítulo a las personas mayores?
2. ¿Cómo se describe a los niños que viven en Nueva York?
3. Describa usted a Sara.
4. ¿Cómo son los padres de Sara, Vivian y Samuel?
5. Compare lo que siente Vivian frente a los ancianos y frente a su familia.

Preguntas sobre el capítulo 2

1. ¿Por qué es Sara "una niña rara", según su madre?
2. ¿Por qué le gustan tanto a Sara los dibujos de los cuentos que lee?
3. ¿Por qué no convence a Sara el final de "Caperucita Roja", "Robinson Crusoe", "Alicia en el País de las Maravillas"?
4. ¿Quién es Aurelio Roncali? Descríbalo.
5. Los padres de Sara no están de acuerdo entre ellos sobre el estilo de vida de la abuela: ¿por qué?
6. Describa usted a la abuela.
7. ¿Qué son las "farfanías" para la niña?
8. ¿Cómo son los vecinos de Sara, el matrimonio Taylor y su hijo Rod?

Preguntas sobre el capítulo 3

1. Describa la casa de la abuela.
2. Observar a las personas que viajan en el metro de Nueva York es muy interesante. ¿Puede usted describirlas?
3. ¿Cómo son los preparativos de la madre y de la hija antes de ir a casa de la abuela?
4. Antes de tomar el metro, Sara y su madre caminan por la calle. Describa lo que observa la niña a un lado y al otro.
5. ¿Por qué es el Brooklyn-Battery-Tunnel tan interesante para Sara?

Preguntas sobre el capítulo 4

1. El parque de Morningside es para muchas personas un lugar muy peligroso: ¿por qué?
2. La abuela, sin embargo, no lo considera peligroso: ¿por qué?
3. La abuela no está en casa cuando llegan Sara y su madre. ¿Qué hace, dónde está?
4. Describa el dormitorio de Rebeca Little, la abuela.
5. ¿De dónde vienen los 150 dólares de la abuela? ¿Qué hace con ese dinero?
6. Comente la frase "es que no hay nada como una buena conversación y no tener prisa".
7. ¿Puede usted resumir la historia de la estatua de la Libertad, según se la cuenta la abuela a Sara?

Preguntas sobre el capítulo 5

1. ¿Quiénes son los personajes que aparecen en este capítulo?
2. ¿Qué comen Sara, sus padres y sus amigos en el restaurante chino?
3. Comente la frase de Sara "mejor es estar solo que mal acompañado".
4. Vivian, la madre, siente cierto miedo por su hija. Para ello tiene varios motivos: ¿cuáles son?
5. ¿De dónde viene la tarta que toman al final de la comida? ¿Con qué la comparan?
6. ¿Por qué tiene que quedarse Sara en casa de los Taylor, los amigos de sus padres?

Preguntas sobre el capítulo 6

1. ¿Puede usted describir a miss Lunatic?
2. ¿A qué se dedica miss Lunatic?
3. ¿Qué hace miss Lunatic durante el día? ¿Y por las noches?
4. ¿Por qué casi todo el mundo quiere y trata bien a miss Lunatic?
5. El comisario O'Connor hace una oferta a miss Lunatic. ¿Por qué? ¿De qué se trata?
6. ¿Por qué rechaza ella esa oferta?

Preguntas sobre el capítulo 7

1. ¿Cómo es la terraza del rascacielos de mister Woolf?
2. ¿Y el último piso, donde trabaja Greg Monroe?
3. Describa a mister Monroe y sus ocupaciones.
4. ¿Qué problema actual preocupa tanto a mister Woolf? ¿Por qué?
5. ¿Qué consejos le da Greg Monroe a su amigo mister Woolf para disfrutar de la vida?

Preguntas sobre el capítulo 8

1. Comente la frase de miss Lunatic: "Yo creo que los niños son los únicos que saben lo que quieren".
2. Sara y miss Lunatic ven llegar un automóvil negro muy elegante. ¿Puede usted describir esta escena en la calle?
3. La mujer lleva un "traje de plata", el hombre va "vestido de pingüino". ¿Puede usted explicarlo?

Preguntas sobre el capítulo 9

1. ¿Por qué está tan lleno el café donde quieren entrar miss Lunatic y la niña?
2. El portero no quiere dejarlas entrar: ¿por qué?
3. ¿Con qué argumentos consigue la anciana entrar al café aunque apenas hay mesas libres?
4. Sara quiere invitar a miss Lunatic y pagar lo que tomen las dos. Su amiga lo acepta. Pero el "muñeco" quiere también pagar todo lo que ellas tomen. ¿Quién paga al final? ¿Por qué?

5. Sara se entusiasma viendo a las camareras. ¿Puede usted describirlas?
6. ¿También usted, como Sara, puede contar la historia de su fuga de casa?
7. ¿Y por qué se enfada tanto miss Lunatic con el director de la película?
8. Miss Lunatic había sido "la musa de un artista". Cuente usted esa bonita historia.

Preguntas sobre el capítulo 10

1. Al anochecer, miss Lunatic abandona todos los días la estatua de la Libertad. ¿Qué hace antes?
2. Sara ha planeado bien su fuga de casa para que nadie se asuste. ¿Cómo lo ha hecho?
3. La anciana y la niña "firman" un pacto secreto. ¿Cómo lo hacen?
4. Sara jura guardar bien ese secreto. ¿Cómo lo hará?
5. "Seguir el hilo", "perder el hilo" son dos expresiones típicas españolas. ¿En qué contexto las usaría usted? ¿Puede poner algún ejemplo?
6. ¿Por qué motivos cree madame Bartholdi que Sara podría escribir novelas interesantes?

Preguntas sobre el capítulo 11

1. También mister Woolf es un personaje importante en este relato. ¿Por qué? ¿Puede usted describirle?
2. ¿Qué cosas quiere contar Sara a su abuela cuando estén ellas dos solas?
3. A mister Woolf le apetece mucho probar la tarta, a Sara no. ¿Por qué?

4. Mister Woolf promete cumplir cualquier deseo de la niña. ¿Qué pide ella?
5. Sara cree que podrá dar a mister Woolf la receta de la tarta. ¿Cómo cree que lo conseguirá?

Preguntas sobre el capítulo 12

1. ¿Qué consejos da mister Woolf al chófer? ¿Por qué?
2. ¿De qué conoce mister Woolf a "Gloria Star"?
3. Peter, el chófer, piensa que en ese viaje "había gato encerrado". ¿Por qué lo piensa, qué motivos tiene?
4. ¿Por qué motivo pide Sara a Peter de repente que pare el coche? ¿Qué hace ella entonces?
5. Sara consigue, a pesar de todo, "meterse a Peter en el bolsillo". ¿Cómo?

Preguntas sobre el capítulo 13

1. Los dos chóferes piensan que se trata de un viaje muy raro. ¿Qué piensan, qué dicen?
2. Según su amigo, Peter siempre "busca tres pies al gato". ¿Por qué? ¿Qué significa esa expresión?
3. ¿Qué están haciendo la abuela de Sara y mister Woolf cuando la niña entra en la casa?
4. El taxista que pasa por la calle quiere ir ya a casa, pero cambia de opinión. ¿Por qué?

Preguntas en general

1. Haga un retrato de Sara, de la abuela, de miss Lunatic.
2. Compare el estilo de vida de la abuela y de los padres de Sara.
3. ¿Puede usted describir la escena del café en el que entran miss Lunatic y Sara?
4. En este relato hay bastantes expresiones, sobre todo en boca de miss Lunatic, tomadas del mundo de la religión. ¿Encuentra usted algunas? ¿Qué significan?
5. En esta obra se distingue muy claramente entre el mundo de los adultos y el mundo de los niños. ¿Cómo?
6. ¿En qué se parece "Caperucita en Manhattan" al cuento de "Caperucita"?
7. ¿Qué le ha parecido este relato?

NOTAS: